Papai, mamãe, sou gay!

Um guia para compreender a orientação sexual dos filhos

Dados Internacionais de Catalogação na Publicação (CIP)
(Câmara Brasileira do Livro, SP, Brasil)

Riesenfeld, Rinna
   Papai, mamãe, sou gay! / Rinna Riesenfeld ; [tradução: Silvia Rojo Santamaria. – São Paulo : Summus, 2002.

Título original: Papá, mamá, soy gay!
ISBN 85-86755-31-1

1. Homossexuais – Aspectos psicológicos 2. Homossexuais – Relações familiares 3. Pais e filhos – Relações interpessoais I. Título.

02-0750   CDD-158.24

Índice para catálogo sistemático:

1. Homossexuais : Relacionamentos com os pais :
   Psicologia aplicada   158.24

Compre em lugar de fotocopiar.
Cada real que você dá por um livro recompensa seus autores
e os convida a produzir mais sobre o tema;
incentiva seus editores a traduzir, encomendar e publicar
outras obras sobre o assunto;
e paga aos livreiros por estocar e levar até você livros
para a sua informação e entretenimento.
Cada real que você dá pela fotocópia não-autorizada de um livro
financia um crime
e ajuda a matar a produção intelectual.

Papai, mamãe, sou gay!

Um guia para compreender a orientação sexual dos filhos

RINNA RIESENFELD

edições
GLS

Do original em língua espanhola: *Papá, mamá, soy gay!*
Copyright © 2002 by Rinna Riesenfeld
Publicado de acordo com a autora.

Direitos para a língua portuguesa adquiridos
por Summus Editorial Ltda., que se
reserva a propriedade desta tradução.

Projeto gráfico e capa: **BVDA – Brasil Verde**
Editoração eletrônica: **Acqua Estúdio Gráfico**
Tradução: **Silvia Rojo Santamaria**
Editora responsável: **Laura Bacellar**

Edições GLS
Rua Itapicuru, 613 7º andar
05006-000 São Paulo SP
Fone (11) 3862-3530
e-mail gls@edgls.com.br
http://www.edgls.com.br

Atendimento ao consumidor:
Summus Editorial
Fone (11) 3865-9890

Vendas por atacado:
Fone (11) 3873-8638
Fax (11) 3873-7085
e-mail vendas@summus.com.br

Impresso no Brasil

SUMÁRIO

Agradecimentos — 7
Introdução — 9

1. A notícia — 11
2. Por que uma pessoa é homossexual? — 32
3. Mitos e crenças — 55
4. Dúvidas sobre homossexuais — 72
5. Preocupações e medos dos pais — 101
6. Homossexualidade e religião — 126
7. O que fazer? — 151

Conclusão — 174

Anexo 1. Cartilha dos direitos humanos contra a discriminação pela orientação sexual — 175

Anexo 2. O ponto de vista religioso — 178

Anexo 3. Existe a homossexualidade na Bíblia? — 198

Notas _____ 209

Glossário _____ 211

Bibliografia _____ 213

Sobre a autora _____ 217

AGRADECIMENTOS

Antes de mais nada, quero agradecer às editoras *Raya em el Água* e *Grijalbo* (as editoras originais desta obra no México) pela oportunidade de publicar este livro, o qual espero seja útil a muitas pessoas.

Um agradecimento especial a Consuelo Sáizar por todo seu apoio e confiança e a Gilda Moreno pelo seu trabalho de edição.

Obrigada de todo meu coração a todos meus consulentes e as pessoas maravilhosas que conheci em diversos congressos, conferências, oficinas e palestras e que confiaram em mim; especialmente todos os pais e mães, garotos e garotas que abriram o coração para ajudar outros a curarem os seus.

Agradeço à minha família e a meus amigos que sempre foram, para mim, a água de que minha planta precisa para crescer. Em especial a meu pai, que graças ao que semeou em mim, fez com que hoje possamos colher os frutos juntos.

A Lucila Soriano, sol que ajuda a iluminar o meu caminho e que me relembra da importância da luz – tanto dar quanto receber. Obrigada por seu apoio incondicional e por acreditar em mim.

A Luís Perelman porque, graças à terra que ele me dá, posso transformar em realidade muitos de meus ideais. Obrigada por todos os projetos que compartilhamos.

A Carole Benowits, por todo o material da PFLAG que me cedeu, por tudo o que aprendi com ela e pelo ânimo que me infundiu.

INTRODUÇÃO

Este livro é dirigido a todo pai, mãe, parente e amigo de um homossexual, a quem considere importante, a quem ame e com quem deseje melhorar sua relação, através da compreensão, da aceitação, da proximidade e do diálogo.

Vivemos rodeados por uma grande quantidade de mitos, preconceitos, medos e estereótipos sobre os homossexuais que nublam a nossa visão e não nos permitem enxergar a verdade. Por isso, a informação que você encontrará aqui se baseia tanto em estudos científicos quanto em relatos de experiências pessoais que tentam responder muitas de suas dúvidas, bem como proporcionar-lhe uma visão mais positiva da homossexualidade e dos homossexuais.

Aqui você encontrará inúmeros depoimentos de homossexuais, seus familiares e amigos que quiseram partilhar suas experiências de vida com a esperança de ajudar a outras pessoas. Você aprenderá sobre os problemas reais que muitos homossexuais têm de enfrentar em uma sociedade basicamente heterossexual e homofóbica.

Com a finalidade de tornar a informação mais clara, limitei-me, na maioria dos casos, a falar das pessoas predominantemente homossexuais, embora seja preciso esclarecer que existem todos os tipos de nuanças. Com a intenção de facilitar a compreensão do texto, os termos homossexual ou gay que são usados neste livro se referem tanto às mulheres quanto aos homens.

Nestas folhas, é aberto um espaço de questionamento às crenças e normas seguidas a partir da falta de conhecimento sobre o assunto, os direitos humanos entram em debate e são expostos muitos outros pontos que costumam gerar polêmica, para que você chegue às suas próprias conclusões.

Este livro é um convite à reflexão. É possível que, durante a leitura, mudem algumas de suas idéias e percepções sobre a vida.

Cada vez há mais pessoas que se atrevem a compartilhar seus verdadeiros sentimentos. Vivemos num mundo cheio de variedade no que se refere à maneira de ser, tantas que por vezes não conseguimos vê-las por estarmos centrados em como deveriam ser em vez de dar-nos conta de como cada um é.

Não há um tipo de comportamento no qual todos nós, seres humanos, coincidamos, como resultado de nossas formas de sentir, pensar ou agir. Ainda que exista uma maioria, sempre haverá gente que vive de maneira diferente. Não existe apenas uma religião, uma cor de pele, nem uma única orientação sexual, e é isso que nos torna maravilhosos, pois temos a possibilidade de aprender com os outros. É a centelha da vida.

Se fôssemos todos iguais, não haveria o que compartilhar, e este livro não teria razão de ser. Ser diferente não transforma ninguém em um monstro.

Em geral, este tipo de livro é comprado por filhos e filhas homossexuais para seus pais, buscando uma aproximação, sentir-se compreendidos e abrir um canal de comunicação. Outro motivo pode ser sua preocupação ao perceber que está sendo difícil conduzir a situação. Se o livro chegou às suas mãos por intermédio de seus filhos, pense que esta foi uma mostra do amor que eles sentem por você e que para ele ou ela é muito importante que você o compreenda e o aceite. Se você o ganhou de outra pessoa, talvez as intenções tenham sido as mesmas. Se o adquiriu por iniciativa própria, parabéns. É um bom começo de aproximação a este processo de comunicação e entendimento. Muita gente sente vergonha de comprar "algo assim", como se fosse descoberta fazendo "algo ruim" ou tivesse a sensação de que ficaria em evidência frente aos outros. Se este foi o seu caso, seja paciente; estes sentimentos fazem parte de um processo que leva tempo.

Por último, não importa o que teve de acontecer para que este livro chegasse às suas mãos. O bom é que já está com você, o que já é um primeiro passo. Aproveite! Estou certa de que, aconteça o que acontecer, ele será de grande utilidade, já que é uma contribuição a mais na compreensão da diversidade humana.

1
A notícia

Tentei explicar da melhor maneira que pude,
porém você só fechou os olhos.
Você não queria me escutar
e eu não quis machucá-lo.
Eu não queria ir
porém fui sem que você me conhecesse
mas eu, sim, conheci algo de você.

Lynn Cook[1]

Marcos: "Na minha casa todos são arquitetos: meus pais, meus irmãos e irmãs. Eu nunca me senti atraído pela arquitetura, mas eles não entendem isso, e se sentem decepcionados."

Fernanda: "Quando decidi morar em outra cidade, meus pais ficaram ofendidos durante meses. Não conseguiam entender."

Clara: "Meus pais querem que eu me case. Eles não aceitam que eu continue estudando, que seja uma profissional. Dizem que não é isso que esperam de mim."

Paulo: "Meus pais não gostam do meu estilo de vida. Sou religioso e isso os incomoda."

Reinaldo: "Sou profissional liberal e gosto do que faço. Meus pais queriam que eu trabalhasse no negócio da família, não entendem que meu trabalho me satisfaz. Eles dizem que acabei com suas expectativas."

Ângela: "Meus pais não gostam do meu temperamento nem do meu jeito de ser. Eles me criticam e julgam o tempo todo."

Roberto: "Não sei o que fazer, meus pais odeiam minha esposa, nem sequer foram ao nosso casamento. Dizem que ela não é o que desejavam para mim."

Filhos nem sempre cumprem as expectativas dos pais

Apesar de sabermos que ser mãe ou pai implica a possibilidade de lidar com conflitos, socialmente se fala mais sobre outros tipos de dificuldades do que em ter uma filha ou filho homossexual. Saber com certeza que um filho ou uma filha é gay não é fácil, especialmente no começo. Vivemos em uma sociedade que há séculos gera uma tradição de medos e mitos a respeito da homossexualidade e dos homossexuais, assim como uma idéia pouco agradável – e também pouco realista – do que são.

Em nossa cultura, no dia-a-dia, são usadas palavras como homossexual, puto, veado, mulher-macho, lésbica etc., de forma pejorativa, dando a entender que se trata de algo terrível e que envolve medo, vergonha, desonra e, talvez, doença.

Isso torna extremamente complexa e desconcertante a experiência de ouvir a frase "sou homossexual" de alguém que é importante para nós. A notícia abre um novo capítulo na história da família e na vida de seus integrantes, não importando se eles haviam suspeitado anteriormente ou se foi uma surpresa total, se descobriram casualmente, por uma carta, um telefonema, cara a cara ou de qualquer outra maneira. Cada situação é diferente, mas o simples fato de saber com certeza produz uma mudança.

Não existe uma forma de reagir diante da notícia de que uma filha ou um filho é gay. Cada pessoa responde fazendo o melhor possível, ainda que às vezes essa não seja a melhor maneira. Neste livro, escolhi as situações mais comuns para que possam servir de referência e apoio em sua experiência pessoal.

Comoção

Muitos pais e mães vivenciam uma comoção ao receber a notícia: ficam gelados, não sabem o que dizer ou fazer, sentem como se um balde de água fria tivesse caído sobre eles. De repente parece que tudo mudou, que aquela pessoa com quem conviveram durante tanto tempo não é o que pensavam. Sentem-se desconcertados e temerosos, como se o tempo tivesse parado. Outros mantêm a esperança de que o que estão ouvindo não seja a verdade e fantasiam que tudo é um sonho ruim e que não demorarão em acordar.

Pai: "Senti vontade que o chão se abrisse e me engolisse naquele mesmo instante. Não queria enfrentar algo assim."

Mãe: "Tinha a esperança de que fosse um sonho, que tivesse escutado mal, que fosse uma brincadeira. Eu não soube o que fazer."

Mãe: "Nossa primeira reação foi dizer que o amávamos e que nada havia mudado. Mas a verdade é que por um bom tempo ele foi um estranho para nós, não sabíamos o que dizer, o que fazer, nem como nos aproximarmos dele."

Pai: "Não conseguia falar, não sabia o que dizer. Acho que passei vários dias sem querer ficar em minha casa."

Mãe: "Depois da notícia adoeci, literalmente. Passei meses com diarréia, gripe, dor de cabeça. Conforme fui digerindo, fui melhorando."

Se este é o seu caso, gradativamente, conforme aprenda um pouco mais, você perceberá que mesmo que sinta que tudo mudou ou que o perdeu, isso não é verdade. Seu(sua) filho(a) é o(a) mesmo(a) de ontem e a única coisa que mudou é que agora você sabe que sua atração sexual e afeição dirigem-se a pessoas do mesmo sexo, algo que provavelmente já era assim antes que você soubesse.

No entanto, ao saber com certeza, é possível que muitas de suas expectativas tenham desmoronado e que você se sinta decepcionado ou desapontado.

Muitas vezes, achamos que conhecemos e entendemos bem as pessoas que amamos. Entretanto, quando alguém tão próximo chega para nós e diz: "Sou gay", é possível que nossa reação seja de espanto e desorientação porque essa pessoa não é o que pensávamos que fosse.

Mãe: "Meu marido e eu não sabíamos como conduzir a situação. Nunca achei que fôssemos passar por isto. Eu me senti magoada e confusa, mas aos poucos fomos nos dando conta de que a idéia de que tudo tinha mudado era apenas parcialmente verdadeira, já que, embora não conhecêssemos sua orientação sexual, existem muitas outras coisas que conhecemos e que não têm nada a ver com a sexualidade."

Para alguns, a perda da imagem e da expectativa vem a ser um processo doloroso, cuja assimilação requer vários meses ou anos. Contudo, estes sonhos podem ser substituídos por outros mais reais.

Mãe: "Quando soube que meu filho é gay não pude deixar de chorar. Agora, há momentos que o aceito e outros em que volto a ficar deprimida. Lamento que as coisas não tenham saído como eu esperava."

Pai: "Quando soube que meu filho é homossexual, fiquei arrasado. Não podia acreditar. Pensei: isto foi alguém que ensinou, em casa é que não foi. Eu via a homossexualidade como um vírus ou algo assim. Tinha a esperança de que ia passar."

Mãe: "Quando soube que o Gerardo é homossexual, meu mundo de cristal desmoronou e eu demorei para me recuperar. Porém, uma vez que me dei a oportunidade de conhecê-lo melhor, fui criando novas expectativas que trouxeram muita satisfação."

Negação

Outros tentam negar, rejeitam as palavras que acabam de escutar e fingem que nada está acontecendo. Dizem coisas como: "Que bom, como foi seu dia de trabalho?", "Não gosto das suas piadas", "Você sabe que não gosto de ouvir essas coisas", "Não gosto de bichas em minha casa, é melhor que isso acabe", "Na minha família não existem lésbicas, então isso não pode acontecer". Se esse é o seu caso, recomendo que não ignore a situação: ainda que sinta medo, será sempre melhor armar-se de coragem e enfrentar. Negar pode criar distanciamento e ressentimento de sua filha ou filho em relação a você. Não feche as portas, escute para entender.

E por último, ainda que enfrentar a situação seja difícil, é inútil deixá-la de lado. Leve em conta que ignorar não a faz desaparecer e, à medida que você for aprendendo a conviver com ela, será mais fácil, e é possível que até descubra coisas interessantes.

Mãe: "Se bem me lembro e sou honesta comigo mesma, poderia dizer que já sabia que meu filho é homossexual. Desde que ele era pequeno, havia considerado a possibilidade, mas, cada vez que pensava nisso, me recriminava e tratava de acreditar que não era verdade. No dia em que ele me confirmou, foi como se eu nunca tivesse pensado na possibilidade, me senti destruída."

Pai: "Por um tempo, fingi que não tinha acontecido nada. Logo percebi que não poderia fingir mais."

Mãe: "Hoje sei que minha indiferença magoou muito meu filho. Tentei negar uma parte importante de sua personalidade."

Filho: "Meu pai não voltou a mencionar o assunto, como se não soubesse de nada. Sabe como eu me senti? Fiquei meses sem dormir, buscando uma maneira de contar, queria ser honesto e abrir meu coração. Eu preferiria que ele tivesse se enfurecido, do que me ignorado."

Filho: "Eu já me cansei de deixar tão óbvio e de que eles não queiram escutar nem ver. Agora sou eu quem não quer nem escutá-los nem vê-los."

Culpa

Outras pessoas se sentem culpadas. Muitos pais e mães se sentem culpados por tudo que seus filhos(as) fazem ou deixam de fazer. Isso é comum em uma cultura na qual socialmente se promove a responsabilidade dos pais por tudo que acontece a seus filhos(as). Isso não é verdade; existem famílias onde, por exemplo, todos fumam, exceto um dos filhos, que odeia o cigarro. A verdade é que nem tudo é aprendido ou imitado. É importante levar em consideração que, se numa família todos os seus integrantes são afetados pelos demais, isso não quer dizer que devamos responder pelos atos de cada um. Conforme você continue lendo, perceberá que existem coisas que não estão sob seu controle, e a orientação sexual de seus filhos(as) é uma delas.

Mãe: "Eu me sentia tão envergonhada que não queria nem sair à rua. Achava que todos me olhariam como se fosse um monstro."

Mãe: "A primeira coisa que pensei foi que falhei como mãe. Eu me sentia culpada. Não sabia o que havíamos feito de errado. Agora me dou conta de que não fizemos nada de errado. Roberto é um rapaz excelente, simplesmente gosta de homens."

Pai: "Muitas das minhas culpas se dissiparam quando eu entendi que a homossexualidade não é algo que se ensina ou se aprende."

Culpar-se não lhe será útil; aprender, por sua vez, certamente lhe abrirá portas.

Fúria

Alguns pais reagem com fúria à notícia de que seu filho(a) é homossexual. Tomam isso como uma agressão à sua pessoa, como se ao dizê-lo seu filho(a) tivesse a intenção de machucá-los. Perguntam a si mesmos, vez ou outra: por que me fez isto? Procuram uma resposta e sentem-se magoados por perder sua imagem e as várias expectativas que haviam depositado nele ou nela. É necessário tempo para se entender que não se escolhe a orientação sexual, e que não é algo que as pessoas escolhem para magoar as outras. Com a dificuldade que é ser gay, seria absurdo pensar que alguém decidiu apenas "porque sim", porque não tinha nada para fazer ou então, para fazer mal aos outros. Conforme você expresse o que sente e aprenda mais sobre o tema, quem sabe descubra que a única coisa que seu filho(a) "lhe fez" foi confiar que sua relação pode crescer como resultado de conhecê-lo(a) como ele(a) é.

Pai: "Fiquei muito irritado, sentia vergonha. Acho que minha irritação era por achar que, por sua culpa, a minha vida iria ficar muito complicada. Por algum tempo não quis ver ninguém."

Mãe: "No momento em que minha filha me contou, a primeira coisa que pensei foi: 'Seria melhor se estivesse morta...'. Eu estava desesperada."

Pai: "Fiquei muito zangado. Por um lado, senti raiva por não ter me contado antes. Foi como se não confiasse em nós. Por outro lado, minha raiva vinha de ter nos contado. Foi muito contraditório."

Mãe: "Pensei que ela estivesse zombando de mim. Fiquei furiosa."

Medos

Para outros pais e mães, a experiência de saber que têm um filho ou uma filha homossexual os põe em contato com uma longa tradição social de mitos, preconceitos e medos.

Pai: "Quando soube que minha filha é gay, pensei quase que imediatamente: 'A vida dela vai ser miserável. Ninguém vai aceitar uma lésbica'. Agora vejo que quem não aceitava uma lésbica era eu."

Pai: "Eu fiquei preocupado. Pensei: 'O que as pessoas vão dizer. O que vai acontecer?' Não considerei os sentimentos do meu filho. Estava muito inquieto pelo que os outros fossem pensar a nosso respeito."

Mãe: "Depois que descobri que meu filho é homossexual, comecei a questionar se eu também era. Tentava lembrar se alguma vez me senti atraída por mulheres, mas não senti isso nunca. Para mim, é difícil entender."

Pai: "Achava que ser homossexual fosse uma forma de arruinar a vida. Não sabia por que ele fazia isso. Pensava: 'O que eu fiz de errado? Ele era um bom garoto, por que insiste em escolher este caminho?' Muito tempo depois, compreendi que ele não o escolheu e, de fato, continua sendo um bom garoto."

Mãe: "Depois que descobri que Fernando é homossexual, quando eu saía à rua e via as pessoas achava que todos eram homossexuais também."

Pai: "Tinha muito medo do futuro. Não sabia o que ia acontecer."

Pai: "A primeira coisa que pensei foi: ele tem um problema e iremos aos melhores médicos. Deus criou Adão e Eva, e não Adão e Manoel."

Ter um(a) filho(a) homossexual rompe com muitos esquemas sociais, familiares e, inclusive, pessoais.

Mãe: "Eu sempre repeli a homossexualidade. Dizia frases como: 'essa gente', 'que nojo', 'deveriam...' Até o dia em que meu filho Afonso me contou que ele era como 'essa gente'. Para mim foi horrível. A verdade é que nunca havia conhecido um homossexual antes, pelo menos era o que eu achava, porém nunca imaginei que 'essa gente' poderia ser o meu filho."

Compreensão

Por outro lado, ainda que a maioria dos pais leve um tempo para aceitar, respeitar e conviver com a homossexualidade de seus filhos(as), existem alguns que não consideram isso um problema e chegam a ser muito compreensivos.

Mãe: "Acho que ser gay é tão bom e tão ruim quanto ser heterossexual. Amo meu filho e se ser gay é uma parte dele. Amo essa parte também."

Mãe: "Quando minha filha me contou que é lésbica, a única coisa que pensei é que tive tão pouca sorte com os homens que eu teria gostado de me sentir atraída por uma mulher."

Mãe: "Com as coisas que a gente ouve todos os dias, achei que a minha filha ser lésbica não era tão grave."

Pai: "Para mim, foi difícil receber a notícia, porém, nunca duvidei de que quem deveria aprender era eu. Por isso, me dediquei a aproximar-me mais de meu filho."

Mãe: "Quando Moisés me contou que era homossexual, senti uma grande intimidade com ele. Vez por outra, pensava o quanto ele deveria ter sofrido e que coragem teve para me dizer."

Mãe: "O fato de meu filho ser gay não mudou o amor que sinto por ele."

Alberto: "Quando disse à minha mãe que gostava de homens, ela respondeu: 'Eu também.'"

Filho: "Quando contei ao meu pai que sou homossexual, ele respondeu: 'Se isso te faz feliz, a mim também.'"

Filho: "Para minha surpresa, minha mãe respondeu que já sabia e que tinha ficado contente por eu decidir contar."

Existem milhares e milhares de depoimentos de mães, pais, filhas, filhos, amigos, familiares que tiveram que lidar com este tipo de situação. Segundo algumas estatísticas, uma entre cada dez pessoas no mundo é homossexual ou bissexual. Isto quer dizer que, aproximadamente, uma entre cada quatro famílias conhece um gay, seja algum de seus membros ou alguém do seu círculo de amizades.

Portanto, existem muitas pessoas que viveram uma experiência parecida com a sua, você não está sozinho. Isso aconteceu com famílias que já sabiam, outras que suspeitavam e outras que não esperavam. Na verdade, pode acontecer em qualquer lar. É interessante que, paradoxalmente, enquanto as estatísticas confirmam que uma porcentagem significativa da sociedade é homossexual, continuamos sendo preparados para termos unicamente sonhos heterossexuais em relação a nossas filhas e filhos: fantasiamos como serão quando crescerem e, pouco a pouco, criamos expectativas sobre eles. Porém, essas ilusões são construídas a partir do que nós queremos e do que é promovido no núcleo social, não do que eles precisam.

Em nossa cultura, o respeito pela individualidade dos filhos é pouco promovido, o que faz com que pais e mães, freqüentemente, sintam-se enganados e desiludidos. Isso não acontece apenas com filhos(as) homossexuais, pode acontecer a todos. Sempre aparecem surpresas: não se casam com a pessoa que gostaríamos, não estudam para a carreira que desejávamos, não têm o trabalho que nos agradaria, não moram onde queríamos, e etc.

A sociedade nos instrui um pouco mais a lidar com essas situações do que com a orientação sexual de nossos filhos, mas para um pai ou uma mãe, é difícil aceitar que seu filho(a) seja outra pessoa e que, como tal, sente, pensa e age de maneira diferente. Reflita um pouco: você é igual aos seus pais em tudo?

É importante aprender a ouvir o que a outra pessoa está dizendo, especialmente quando se trata de um(a) filho(a); parar para conhecer seus sentimentos, o que significa ser gay para ele ou ela, do que precisa, e etc. No entanto, é muito comum que pais e mães se fechem em si mesmos e tenham medo de enfrentar a situação.

Um ponto importante é que, se você quiser, ao passar este período, pode chegar a sentir que sua relação está mais forte e próxima com seu filho(a) do que era antes. Bom, chegar a isso não é fácil: algumas pessoas tiveram que viver processos dolorosos de culpa, raiva, sentimento de perda, confusão. Outras, no entanto, deram passos enormes em seu processo, compreendendo, aceitando, respeitando e acostumando-se cada vez mais. Se você é daqueles que vivem com algum dos sentimentos mencionados, saiba que é a conseqüência de nossa cultura e sociedade que nos encheram de mitos, atitudes e preconceitos sobre a homossexualidade. Não se condene pelo que sente. Mas, pelo amor que tem a ele ou ela e a você mesma(o), é necessário começar um caminho de aceitação, respeito e apoio.

Dúvidas

É provável que, agora que você já sabe, surjam várias dúvidas. Muitas delas serão respondidas neste livro; para responder outras, talvez você tenha que seguir investigando. As respostas mais importantes serão encontradas através da sua experiência com seu filho(a), que será a fonte mais fidedigna de aprendizado a respeito. Não tenha medo de perguntar-lhe como vivencia as coisas, faça suas perguntas com respeito, tente aprender e parar de condenar. Vejamos algumas das dúvidas mais comuns.

Por que teve que me contar?

Se você está pensando que enfrentaria menos problemas se não soubesse, pense na possibilidade de que também teria menos satisfações. Se não soubesse, com certeza começaria a existir uma distância entre vocês e perderia a oportunidade de partilhar muitas coisas com ele ou ela.

Existem vários motivos para que um filho ou filha tome a decisão de se arriscar a contar aos seus pais que é gay. Entre os mais comuns estão: a necessidade de ser aceito como é, e não como você gostaria que fosse, o desejo de iniciar uma comunicação aberta e honesta, a necessidade de compartilhar, a busca de apoio e aproximação. Tudo isto se relaciona ao amor que lhe tem e ao muito que você significa para ele ou ela. Dar este passo requer grande coragem.

Daniel: "Sempre fomos uma família muito unida. Eu contava tudo aos meus pais e eles sempre me apoiaram. Um dia, disse que era homossexual. Queria dividir com eles esse lado da minha vida, porém, me puseram para fora de casa afirmando que não queriam saber nada de mim. Não entendi, não deram-me mais explicações, só sei que faz quatro anos que não os vejo."

Carol: "Estava a ponto de ir morar com minha namorada, então pensei que já era tempo de contar para minha mãe que sou lésbica. Comentei em uma tarde em que estávamos sozinhas em casa. Ela me respondeu: 'Isso é tudo? Pensei que você ia dizer que estava grávida'. Ela foi demais."

Roberto: "Contei-lhes porque achei que estava na hora. Estou com meu parceiro há oito anos e estamos praticamente casados. Na minha família, eu era o solteiro em que todos ficavam de olho."

Alfredo: "Contei a minha mãe que sou gay para que ela parasse de me incomodar com essa coisa de me arrumar namorada, e ela não disse nada. Pouco tempo depois, ela me garantiu que o que eu precisava era conhecer a garota certa. Até o dia de hoje, continua tentando me apresentar garotas."

João: "Contei a eles porque sentia medo e não sabia o que fazer. Procurava apoio e compreensão."

Patrícia: "Contei-lhes porque não queria mentir. Tive medo de que descobrissem de outra maneira."

Fernanda: "Morava há dois anos com minha namorada. Um dia, meu pai me chamou porque ele e minha mãe haviam se separado. Ele não tinha para onde ir, então veio morar conosco. Descobriu a situação, a qual o perturbou por um tempo. Agora é feliz morando com duas lésbicas."

Ana Maria: "Contei aos meus pais porque o segredo estava me matando. Sentia-me magoada por ter que esconder algo que me fazia tão feliz. Sofri de bulimia, pois não sabia como lidar com meus sentimentos. Por um lado, sou feliz com minha companheira, mas, por outro, essa felicidade entristece todos os que me rodeiam."

Rebeca: "Eu estava feliz com minha namorada. Queria simplesmente que soubessem que, pela primeira vez, havia encontrado alguém tão maravilhoso e queria passar o resto da minha vida com ela. No entanto, eles não viram dessa maneira."

Reinaldo: "Contei a meus pais porque estava cansado de falar sobre a Fernanda quando na verdade era Fernando. Acho que agora a história é mais real e eu me sinto melhor."

Inácio: "Se disse a eles foi porque não sou um criminoso. Minha homossexualidade não prejudica ninguém nem é algo de que tenha que me envergonhar. Então, decidi que não preciso me esconder."

Esther: "Por que contei a meus pais? Por que não? Amar alguém não é um pecado, é um direito."

É paradoxal como muitos pais reclamam porque suas filhas(os) não falam sobre sua vida pessoal. Entretanto, se alguma(um), que não é heterossexual, comenta a respeito, as coisas mudam. Se esse pai ou essa mãe refletir, poderá dar-se conta de que ela não está falando sobre sua vida sexual, sobre como faz amor, apenas partilhou seus sentimentos e sobre como afetam sua vida. Quando uma filha comunica que conheceu um homem maravilhoso, normalmente pais e mães se interessam e sentem-se felizes, porém o estado de espírito não é o mesmo quando é um filho que diz que conheceu um homem maravilhoso.

Os jovens costumam experimentar sua sexualidade para encontrar sua identidade. Por isso, se uma pessoa decide contar a outra que é homossexual, sobretudo se for seu pai ou mãe, não é porque se trata de algo temporário. Geralmente, percorreu um longo caminho tentando entender e reconhecer sua orientação sexual. Muitos passaram por momentos difíceis e se perguntaram coisas como: "Por que comigo?", "E agora, o que vou fazer?", "Como vou lidar com a situação?", Então, se você se questionar: "Será que ele(a) tem certeza?". Na maioria das vezes, a resposta será sim.

Comunicar que se é gay suscita muitos estereótipos negativos. Implica grande risco para que alguém dê esse passo inconseqüentemente ou de maneira prematura. É bom nos lembrarmos de que todos nós viemos de uma cultura cheia de medos e mitos sobre as preferências sexuais. Dizer: "sou homossexual" ou "sou lésbica" implica muitas coisas; entre elas, enfrentar a aceitação ou a rejeição. Por isso, quando uma pessoa se atreve a fazê-lo, é porque já havia pensado durante muito tempo.

> Jenny: "Para mim, dizer que sou lésbica é mais do que uma fase ou um período da vida. Cada dia é uma nova decisão: 'Direi a esta pessoa?' 'Qual será sua reação?' Não é fácil. Quando tinha dezesseis anos, escutei os adultos falando sobre as etapas da vida, então pensei que estes meus sentimentos iriam passar. Mas, com o passar do tempo, percebi que, ao invés de passar, se tornavam mais fortes."

Quando alguém descobre que não é heterossexual, pode ficar confuso, devido aos mitos e preconceitos que existem a respeito: "Se dizem que os homossexuais são (alguma coisa ruim), então, o que acontece comigo?"

> Ramón: "Quando descobri que era homossexual, senti medo. Havia escutado tantas coisas sobre 'essa gente' que não queria ser assim. Comecei a sair com garotas até que reconheci que isso não me fazia deixar de ser gay."

Alguns pais e mães, em seu desespero e perplexidade, não esperam que seja seu filho ou filha quem conte e decidem "pegar o touro à unha". Este é um mau começo, pois, geralmente, sua intenção é condenar e não escutar. Invadem a privacidade de seus filhos, causando neles um grande ressentimento. Se sua situação foi como esta, não se preocupe, ainda poderá ter um final feliz. Tudo depende do rumo que você desejar que as coisas tomem.

Fomos nós que descobrimos

> Ilana: "Um dia, ao chegar em casa, havia uma junta familiar. Minha mãe me disse que eles descobriram que eu era lésbica e que minhas

malas já estavam feitas. Passaram-se três anos até que voltasse a vê-los, porém agora nos entendemos bem."

Marcos: "Minha família já havia conversado a respeito. Meu pai veio falar comigo e, enquanto dirigia seu carro, me disse que lhe haviam falado algumas coisas sobre mim, que ele sabia não serem verdade, mas só queria confirmar. Perguntou-me se era gay e, quando respondi que sim, parou o carro imediatamente e começou a chorar. Ainda acrescentou que isso era o pior que lhe podia acontecer."

Alan: "Não lhes disse nada. Eles descobriram e eu me senti invadido. Depois, me julgaram, como se eu fosse um criminoso."

Ricardo: "Ainda não estava preparado para lhes contar, porém agora fico feliz que as coisas tenham acontecido desta forma, já que não sei quando eu mesmo teria tido coragem."

Existem algumas histórias, ainda que poucas, de pais e mães que se aproximaram de suas(seus) filhas(os) com a boa intenção de compreender e travar comunicação. Geralmente, estes pais já tinham lidado com isto antes de se aproximarem.

Carlos: "Um dia minha mãe chegou e disse: 'Sei que você é homossexual e quero saiba que não há problema algum'. Esse foi o melhor dia da minha vida."

Vítor: "Eu não sabia, mas meus pais consultaram uma pessoa para que os orientasse sobre ter um filho homossexual. Depois de um tempo, um dia me disseram: 'Filho, sabemos que você é homossexual – e se debulharam em lágrimas. Estamos indo a uma pessoa para nos ajudar. Ainda é difícil para nós, mas estamos tentando. Esta é a sua casa e queremos que se sinta bem dentro dela."

Por que não me disse antes?

Talvez você não consiga compreender que seu filho(a) esteve pensando nisso durante meses ou anos e, até agora, não pôde contar. Talvez você interprete a omissão como falta de confiança ou de amor.

Quando uma pessoa descobre que tem sentimentos homossexuais e sabe que pode ser repelida, o sentimento que surge é de desgosto. Este, por sua vez, pode se transformar em depressão. Uma parte de seu ser está sendo negada ou julgada.

Primeiro, o desgosto é contra si mesmo, por não poder ser diferente, logo é contra o mundo que o interpreta mal e o repele.

É doloroso perceber que não se conhecia a pessoa tão bem quanto se pensava e que se foi excluída(o) de uma parte de sua vida. Considere que isto acontece na maioria das relações entre pais e filhos; ou você contava tudo aos seus pais quando era jovem? Pais e filhos não costumam levar uma relação de total companheirismo e amizade, já que estão separados por um status de poder e hierarquia. É uma relação desigual em que, dependendo do assunto que uma filha ou filho comente com seus pais, isso pode acarretar fortes repercussões. Por isso, antes de falar com você, quem sabe considerou vários aspectos com a finalidade de proteger-se. Um homossexual arrisca muito quando se assume como tal perante alguém, pois vivemos numa sociedade que ainda não aprendeu a lidar com a diferença, e é difícil julgar alguém, se contar significaria a possibilidade de perder o emprego, a família, a comunidade, o melhor amigo...

Por enquanto, prefiro não contar

Henrique: "Estou na faculdade e meus horários não me permitem trabalhar. Meus pais odeiam homossexuais e eu não quero me arriscar contando a eles."

Gabriel: "Eu tenho medo, vi o que aconteceu a um amigo e não quero que me aconteça o mesmo."

Artur: "Não quero contar. Na minha casa falam muito de como são nojentos bichas, putos e homossexuais, então, por que dizer que também sou um deles?"

Israel: "Meus pais são muito religiosos e eu sei que não vão aceitar, então, ainda bem que eu me separei deles."

Mônica: "Para que contar? Acho que eles já sabem; enquanto não tiverem certeza, para que criar problemas gratuitamente? Ainda que me sinta triste, estou bem assim."

Georgina: "Adoro minha família e não disse nada porque não suporto a idéia de perdê-los."

Uma pessoa que descobre que sua orientação sexual não segue o roteiro proposto socialmente pode sentir-se confusa e insegura em relação à sua identidade. Por isso, precisa de tempo e coragem para compartilhá-la com alguém, mesmo que não seja com os pais. Ainda que você acredite que sua relação é tão boa, que ele ou ela deveriam saber que lhe poderiam confiar qualquer coisa, nossa cultura promove o medo de se falar sobre o assunto, chegando a pensar que algo "está errado" e que pode ser condenado. É mais fácil falar sobre o clima ou a situação política atual do que sobre nossos sentimentos, especialmente com as pessoas que amamos. Temos ser julgados, mal interpretados e perdermos seu amor.

Érika: "Demorei um tempo para contar a alguém da minha família. Tenho dois irmãos bem homofóbicos e não queria causar problemas. Porém, um dia me armei de coragem e avisei minha mãe que ia trazer minha namorada para jantar. Para minha surpresa, ela respondeu que já sabia há quatro anos e estava esperando que eu contasse."

Alex: "Levou tempo até eu ter certeza que sou homossexual e me sentir bem comigo mesmo. Na minha casa havia muitas expectativas sobre mim e, quando disse que não me interessava por mulheres, foi terrível."

Oscar: "Eu tentei contar várias vezes, mas eles não queriam escutar. Então, deixei uma carta."

Susy: "Demorei muito tempo porque não sabia como dizer."

Vítor: "Eu tive medo do que aconteceria depois. Não contei até que me senti pronto e seguro de mim para poder enfrentar o que viesse."

Por tudo isto, ainda que você se lamente por não tê-la ajudado a ultrapassar este período, ou pense que se ela contasse antes teria sido diferente, é importante que compreenda que a outra pessoa precisou de tempo e não pôde contar antes; certamente, se pudesse, teria feito. Agora já sabe, e isso é um convite para uma relação mais honesta e aberta do que a que tinham.

Se seu filho(a) lhe disse, por vontade própria, que é gay, tem a metade do caminho andado. A decisão de confirmar algo que a sociedade em geral desaprova necessita de muita força e demonstra muita confiança, amor e compromisso na relação que tem com você.

Está em suas mãos corresponder a esse amor, essa confiança e esse compromisso.

Se você descobriu de outra maneira qualquer, não tenha medo de se aproximar e aprender, mas tente somente e quando se sentir pronto e disposto a fazê-lo.

Reações de amigos e familiares

Para amigos e parentes próximos que recebem a notícia também não é fácil, ainda que, em geral, exista maior abertura e disposição.

Quando uma filha ou filho se atreve a dizer aos seus pais que é gay, provavelmente já terá comentado muitas vezes com um amigo, talvez com seus irmãos ou irmãs, quem sabe esteja envolvido com alguma associação gay e tenha, inclusive, uma vida ativa no que diz respeito a amizades, parceiro, e etc. Por um lado, os gays procuram seus próprios recursos e apoios; por outro, será sempre mais difícil contar aos pais.

Amiga: "Para mim foi muito difícil, pois não queria que quem me visse com ela pensasse que eu também sou. O engraçado é que antes de saber eu andava com ela e nunca tinha pensado nisso."

Amiga: "Para mim foi confuso. Eu pensei que ela estivesse só experimentando, mas logo já não falávamos a mesma língua. Acho que fui eu que me fechei para escutá-la e compreendê-la. Tive medo que isto nos separasse."

Prima: "Nos conhecemos desde adolescentes e sempre tivemos muita convivência. Temos muitas coisas em comum e eu achava que continuaríamos tendo quando casássemos e levássemos nossos filhos ao parque juntas. Meus planos desmoronaram e eu me senti traída."

Amigo: "Para mim, deu na mesma. Pensei que ele fosse me contar algo grave, que estava com aids, ou algo assim."

Irmão: "A primeira coisa que pensei foi que eu aproveitei minha sexualidade e espero que as pessoas que amo façam o mesmo, não importando se é com um homem ou uma mulher."

Amiga: "Eu fiquei curiosa."

Amigo: "Acho que eu tinha uma idéia muito estereotipada de um homossexual e essa notícia mudou meus conceitos."

Irmão: "Em mim isso já 'batia', mas senti algo estranho quando tive a certeza."

Primo: "Cada um tem o direito de ser o que quiser; afinal, as relações amorosas são iguais e não importa entre que sexos elas se dêem."

Amigo: "Eu senti pena. Pensei: Coitado, que falta de sorte!"

Amiga: "Achei que ela fosse querer algo comigo e fiquei com medo, até que conversamos."

Amiga: "Levei tempo para entender que sua parceira era sua namorada, ainda que a visse como uma outra amiga, o que me deixou com ciúme e me fez sentir deslocada."

Irmão: "Minha irmã chegou um dia e me perguntou: 'Você gosta de mulheres?' Naturalmente, respondi que sim; em seguida, ela sorriu e acrescentou: Já temos algo em comum, eu também. No começo fiquei confuso, mas depois fomos nos aproximando. Agora temos mais coisas para compartilhar."

Prima: "Fui numa excursão com minhas primas e algumas amigas. Estava curtindo bastante até que descobri que duas delas eram namoradas. Para mim foi terrível, nunca pensei que ia estar tão perto de duas lésbicas. Senti nojo e medo. Cheguei a pensar: 'O que estou fazendo aqui?' Agora me dou conta de que a única coisa que mudou foi a maneira como eu as via, já que elas eram as mesmas de quando as conheci."

Irmão: "Quando meu irmão me disse que era gay, eu me senti aliviado e feliz porque, finalmente, pude dizer a alguém que eu também era."

É importante começarmos a nos abrir ao mundo da diversidade. Não existe nenhum comportamento humano que todos manifestem da mesma maneira. Por exemplo, para mim foi uma surpresa descobrir que os beijos na boca, que são aceitos em grande parte das sociedades, em alguns lugares são considerados repugnantes e sujos, e em outros não são sequer conhecidos.

Nós, seres humanos, somos tão diferentes e, ao mesmo tempo, tão parecidos...

Amigo: "Ainda que eu goste de melão e você de melancia, podemos compartilhar uma comida exótica juntos."

Amigo: "Amor é amor, não importa com que sexo você o experimente."

Em uma relação é muito importante aceitar e respeitar as pessoas como são, e não como gostaríamos que fossem. Seria muito difícil escolher o que eu gosto e o que não gosto nos outros. Todos temos coisas que desagradam aos demais.

Ainda que nem sempre possamos entender o que a outra pessoa está vivendo, o simples fato de aceitar e poder respeitar que essa é a sua realidade já é o suficiente.[1]

Há uma frase que diz: "Não preciso negar sua realidade para reafirmar a minha." Não invalide a realidade de seu(sua) filho(a): aprenda com ela. Ao longo da vida, o mais coerente é que seu(sua) filho(a) tome suas próprias decisões, mesmo que você não esteja de acordo com elas. Outras vezes, possivelmente, nem o consultará.

Quando uma pessoa diz a outra que é homossexual ambas experimentam uma mudança interior: a primeira ganha liberdade e integridade, pois já não precisa mais se esconder, e a segunda já não ignora mais uma parte importante da primeira.

Aceitar uma orientação sexual diferente da maioria das pessoas não é fácil para muitos. No entanto, à medida que a gente vai se informando e aprendendo, vai se tornando cada vez mais aberta. Uma das minhas intenções ao escrever este livro é conseguir que você, por meio do conhecimento e da proximidade com outras experiências e vivências, aproxime-se mais de seu(sua) filho(a).

Pai: "Antes eu achava que uma pessoa era boa quando fazia o que devia fazer. Agora, vejo de maneira diferente. Percebi que minhas idéias, às vezes, se chocam com minha experiência, e este é o caso. Não pode ser bom mentir e esconder o que se é, mesmo que seja o contrário do que deveria ser, principalmente quando não se machuca ninguém com isso."

Se você está se lamentando porque não conduziu a situação como gostaria, não se culpe. Certamente, fez o melhor que pôde. Pense que talvez seu(sua) filho(a) também tenha dúvidas sobre a maneira como lhe contou. Será mais positivo aproveitar este tempo em que ambos estão aqui e agora para partilhar muitas coisas.

Seu(sua) filho(a) é o(a) mesmo(a) que você sempre amou. Não permita que a emoção o cegue dando margem a estereótipos e idéias negativas sobre um homossexual. Leve em consideração aquilo que valoriza nele ou nela e por que isso é importante para você.

Medite sobre isto: Você amava seu(sua) filho(a) antes de saber que é homossexual?

2
Por que uma pessoa é homossexual?

Sou a melhor pessoa que posso ser e não posso ser diferente.
Eu sou quem sou e isso não me faz nem melhor nem pior que ninguém.
Se não podem me aceitar simplesmente assim, como sou e nada mais,
sinto muito, mas não posso me converter no que não sou.

Na verdade, nossa sociedade não informa nem prepara um pai ou uma mãe para escutar de sua(seu) filha(o) a frase: "Sou lésbica" ou "Sou homossexual". Por isso, a maioria das pessoas tem uma imagem bastante irreal de como é um gay. Neste capítulo, pretendo apresentar o maior número possível de respostas, para que você vá compreendendo melhor este tema tão controverso, mitificado e cheio de preconceitos. Muitas vezes, a boa informação nos dá uma luz a respeito de uma situação, mas preste atenção onde você a consegue, já que nem toda que existe no mercado é confiável e, longe de aproximá-lo da verdade, pode deixá-lo com mais dúvidas.

Uma das perguntas mais comuns a surgir é: "Por que uma pessoa é homossexual?" Antes de tentar encontrar uma resposta, eu gostaria de esclarecer o que significa ser gay ou lésbica. Apesar de muita gente acreditar que sabe a resposta, existem confusões sérias e interpretações equivocadas a respeito.

A homossexualidade, tanto em homens quanto em mulheres, é parte do que se conhece como orientação ou preferência sexual. Existem três orientações sexuais básicas: a heterossexual, que define uma pessoa que se sente atraída, tanto afetiva quanto eroticamente, por gente do sexo oposto. A bissexual, que se refere aos indivíduos cuja atração, tanto afetiva quanto erótica, é em direção a ambos os sexos.

A homossexual, cuja atração, tanto afetiva quanto erótica, dirige-se a pessoas de seu próprio sexo. É muito importante deixar claro que, ao definir o tipo de atração, referimo-nos tanto à afetiva quanto à erótica, e não apenas sexual.

É muito comum a idéia de que ser homossexual, heterossexual ou bissexual é uma atitude. Isto é um grande erro, pois a orientação sexual tem a ver com todo um sentimento de atração erótica, sexual, romântica e afetiva para com os outros. Por exemplo, uma pessoa pode ter uma relação heterossexual e isso não mudar seus sentimentos homossexuais. Uma pessoa pode escolher unicamente praticar ou não a sua preferência sexual, mas não pode decidir a respeito de seus sentimentos. Os seres humanos costumam saber qual é sua orientação sexual muito antes de pô-la em prática. Por exemplo, uma pessoa virgem sabe por quem se sente atraída e não precisa levar esta atração à prática para comprovar, a menos que deseje.

Há uma frase que diz: "Ser gay não é uma conduta sexual, é uma vivência sexual."

Em que pese que, socialmente, promove-se a heterossexualidade como única opção válida e positiva, isto não funcionou como antídoto contra a homossexualidade, que existe desde tempos imemoriais como parte da diversidade do comportamento sexual humano. Estudos científicos reconhecidos demonstraram que a homossexualidade também se dá entre animais. Por exemplo, em torno de cinqüenta por cento do jogo sexual de algumas espécies de golfinhos ocorre entre membros do mesmo sexo; os símios praticam a masturbação e a penetração mútua, assim como o exibicionismo de maneira espontânea. E não vamos longe: às vezes nossos animaizinhos de estimação – cães ou gatos – realizam jogos sexuais com outros do mesmo sexo e alguns, inclusive, chegam a repelir a aproximação com o sexo oposto.

As diferentes orientações sexuais são um mistério. Existem pessoas que vivenciam sua orientação sexual com certa flexibilidade, como é o caso dos heterossexuais que, de vez em quando, têm práticas homossexuais e obtêm prazer, embora reconheçam que se sentem mais atraídos pelo sexo oposto e vice-versa: alguns indivíduos que, mesmo preferindo pessoas do mesmo sexo, podem chegar a ter, ocasionalmente, relações com indivíduos do sexo oposto. De alguma maneira esta é uma forma de bissexualidade.

> Gaby: "Embora, na minha vida, eu tenha tido mais relações com homens do que com mulheres, sei que as mulheres me agradam mais."

> Rebeca: "Sou heterossexual porque gosto mais de homens. Mesmo assim, tive relações com mulheres e gostei muito."

Por outro lado, há quem sinta que sua atração erótico-afetiva é apenas heterossexual ou homossexual. Sendo heterossexuais, nunca sentiram vontade de se relacionar, nem erótica nem afetivamente, com pessoas do mesmo sexo e, se são homossexuais, também não estavam interessados em se relacionar com o sexo oposto. Neste livro enfocarei, especialmente, estes últimos.

> Tânia: "Os homens nunca chamaram minha atenção nem física nem emocionalmente."

> Xavier: "Nunca tive uma ereção com uma mulher, nem quero continuar tentando."

Agora que já definimos o que são as orientações sexuais, passemos à pergunta: por que uma pessoa é gay?

Se a pergunta provém de um pai ou de uma mãe, é muito provável que façam os seguintes questionamentos:

Foi nossa culpa? O que fizemos de errado?

Alguns pais se sentem culpados quando descobrem que sua(seu) filha(o) não é heterossexual. Pensam que seu desempenho como pais influiu na identidade sexual dela(e) e dizem coisas como: "Talvez tenha sido uma mãe muito exigente ou castradora" ou "fui um pai demasiadamente caseiro".

Outros se questionam quanto à maneira como educaram seus filhos e buscam todo tipo de explicações: "Talvez tenha sido porque eu pedia para ele me ajudar no serviço da casa", "talvez eu tenha permitido demais", "vivia na barra da saia da mãe", "devia tê-lo colocado no futebol", e etc. Ou, possivelmente, recriminem-se: "Eu queria um menino, não uma menina", "não devia ter deixado ela ser bandeirante", "devia ter insistido com minha filha para que usasse vestido mais vezes"... Não obstante, existem famílias nas quais todos os filhos foram educados da mesma maneira: uns são heterossexuais e outros não.

Outros pensam que é resultado de sua relação com o cônjuge ou com a família, ou culpam os problemas do meio-ambiente.

Todas essas crenças não são mais do que mitos que, por muitos anos, influenciaram na culpa de pais e mães pela homossexualidade de seus(suas) filhos(as). Hoje, sabemos que nada disto é verdade: homossexuais e bissexuais tiveram todo o tipo de pais e mães: dominadores, submissos, presentes, distantes, permissivos, severos, religiosos, ausentes, intelectuais, fortes, e etc. Os gays pertencem a famílias "modelo", de divorciados, unidos, que brigam; enfim, vêm de qualquer canto da Terra, de diferentes culturas, etnias, religiões, níveis sociais e econômicos. Podem ser médicos, professores, engenheiros, carpinteiros, garis, advogados, políticos ou dedicarem-se a qualquer outra atividade.

Estima-se que de dez a quinze por cento da população é exclusivamente homossexual, sem levar em conta as pessoas que são predominante ou ocasionalmente homossexuais, além dos que não respondem honestamente aos questionários relativos às preferências sexuais, o que é sinal de que existem muitos tipos de homossexuais provenientes de uma infinidade de famílias diferentes.

Tenha cuidado com a propaganda que tende a culpar os pais reforçando estes mitos e preconceitos. Estudos científicos demonstraram que não existe nada de que um pai ou uma mãe possam ser culpados pela orientação sexual de seus filhos. Portanto, não havia nada que pudessem ter feito ou deixado de fazer para evitar o desenvolvimento natural de meninos e meninas gays. Vivemos numa sociedade homofóbica na qual a maioria (incluindo médicos, psicólogos, psiquiatras, e etc.) conhece pouco sobre os homossexuais e a variedade de famílias das quais eles provêm. Além de tudo, é pouco provável que um pai ou uma mãe tenham desejado ter um filho ou filha com orientação sexual voltada para seu próprio sexo.

Pai: "A notícia de Miguel ser homossexual me fez sentir muito mal. Achei que, como homem, eu não tivesse sido um bom modelo para ele, apesar de que, agora, vejo que ele é muito viril. É jogador de futebol e um bom garoto."

Pai: "Agora que me lembro, desde pequena, minha filha gostava de karatê. Eu nunca a incentivei. Além do mais, nem todas as meninas que jogam futebol e praticam karatê são lésbicas."

Mãe: "Quando minha filha me contou que é lésbica, minha primeira reação foi insultá-la e gritar: 'Eu não te eduquei para ser lésbica'. Até então, eu achava que ser homossexual era como consumir drogas, estragar a vida ou algo sim. Hoje eu sei que, de fato, não a criei para que fosse lésbica; no entanto, existem coisas que não se pode controlar, e a orientação sexual é uma delas. Não havia nada que eu pudesse ter feito para que ela fosse ou não lésbica."

Mãe: "Meu filho é homossexual e afeminado, o que me fez pensar durante anos que era a culpada. Até que conheci mais homossexuais, uns mais masculinos, outros como meu filho. Alguns adoravam suas mães; outros, mais ou menos; e outros as odiavam. Então, me dei conta de que há de tudo e não se pode evitar."

Mãe: "Minha filha sempre foi muito feminina. Quando criança, adorava bonecas, especialmente *barbies*. Nunca pensei que, depois de grande, fosse querer uma de verdade."

Pai: "Eu pensava que os homens homossexuais fossem assim porque não se davam bem com suas mães e odiavam as mulheres, mas, no meu caso, o ódio de meu filho é contra mim e ele gosta de homens. Então, mudei minha teoria e achei que os homens homossexuais se identificam com a mãe. Entretanto, quando vi que Moisés é tão viril, voltei a duvidar. Finalmente, decidi que precisava de mais informações e menos suposições."

Adriana: "Você é um pai excelente e não tem nada a ver com o fato de eu não gostar de homens."

Agustín: "Culpei meus pais pela minha homossexualidade, mas com o tempo percebi que era o raiva o que eu sentia."

É possível que as pessoas se tornem homossexuais pela ausência de modelos?

Falso. Se a homossexualidade estivesse relacionada com a ausência de modelos, em nosso país, onde uma grande porcentagem da população cresce sem a figura paterna, haveria um número maior de homossexuais, ou em algumas famílias todos os filhos seriam gays.

Por outro lado, o masculino e o feminino independem da orientação sexual; antes, são características que uma sociedade impõe segundo os sexos. É mais permitido aos homens expressar sua agressividade do que às mulheres, e ainda assim há mulheres muito agressivas que não são lésbicas, assim como homens com grande sensibilidade que não são gays. Pode-se dizer que estes tipos de características, ainda que sejam estimuladas socialmente, também têm a ver com o caráter de cada pessoa.

Os homossexuais, sejam homens ou mulheres, em sua maioria não são fáceis de identificar, pois sua aparência física é comum e normal. Entre eles existem homens muito viris, intelectuais, atléticos, másculos, que podem passar despercebidos, bem como outros que são afeminados e, ainda que sejam minoria, chamam mais a atenção. Quanto às mulheres, existem tanto lésbicas muito delicadas e femininas, como outras toscas e rudes, que também são as mais notadas, mesmo sendo minoria.

Algumas idéias muito enraizadas se relacionam com o estereótipo do homem afeminado e da mulher com aspecto masculino. Então eu perguntaria: o que acontece com os homossexuais que não caem no estereótipo – e que são maioria – por exemplo, uma mulher muito feminina ou um homem muito viril?

Mãe: "Nunca me passou pela cabeça que meu filho Inácio, tão másculo, líder, jogador de beisebol, briguento e forte, fosse gay; pensava que todos os homossexuais eram delicados, sensíveis e artistas."

Pai: "A minha imagem de lésbica era de alguém de cabelo curto, robusta e briguenta. Agora que sei que minha filha, uma mulher muito feminina, tranqüila e inteligente, é lésbica, não sei o que pensar."

Mãe: "Um dia, conversando com meu filho sobre as coisas da vida, ele perguntou: 'O que você acha dos homossexuais?' Respondi: 'Por que você está me perguntando isso? Não conheço nenhum homossexual.' Ele levantou a sobrancelha e respondeu: 'Claro que conhece, eu sou.'"

Jonathan: "Quando as pessoas descobrem que sou gay, não conseguem acreditar, pois de um lado estão todas as suas idéias de como devem ser os homossexuais e, por outro, o que vêem que sou: um engenheiro trabalhador e muito bonito. Moro com meu parceiro há treze anos e sou muito feliz."

Luísa: "Um dia, enquanto tomava café com velhas amigas (algumas sabem que sou lésbica, outras não), uma das que não sabia de nada comentou: 'Convivo com tantos homossexuais e lésbicas que posso reconhecê-los só de olhar, especialmente as lésbicas. Se tem alguma por perto, percebo logo.' O engraçado é que eu estava sentada a seu lado e então perguntei como ela conseguia identificar. Ela respondeu: 'Experiência, se houvesse alguma lésbica aqui garanto que eu saberia.'"

Cada cultura tem seus conceitos do feminino e do masculino. Por exemplo, nas ilhas da Nova Guiné, as mulheres da tribo chambuli possuem a personalidade de homens de negócios, são dominadoras e independentes, enquanto os homens são irresponsáveis, emocionalmente dependentes e sem autoridade (mas isso não significa que sejam fisicamente diferentes de nós).

Isto prova que o masculino e o feminino são conceitos relativos, e que também estão sujeitos a cada época histórica. É o caso das mulheres de hoje, que vestem calças e trabalham: poderiam ter passado por masculinas no princípio do século passado, quando usavam exclusivamente vestidos. Outro exemplo é o dos homens franceses do século XVIII, que dedicavam horas ao seu cuidado pessoal, maquiavam-se, usavam rendas, tinham modos finos e delicados. Naquele tempo, um homem com as características do macho atual passaria por vulgar, prosaico, nada atraente no que diz respeito ao que dele se esperava (talvez os homens com aparência masculina, tosca e brusca sofressem muito). Estes exemplos nos mostram como as características independem da preferência sexual. Muitas vezes, associamos o estereótipo do homem afeminado (como é visto em nossa cultura) e da mulher com atitudes bruscas e rudes com a homossexualidade. Agora vejamos, o estereótipo até pode coincidir com a realidade, mas não estão necessariamente ligados. Nem todas as mulheres que aparentam masculinidade são lésbicas, como nem todos os homens com maneirismos são gays.

Yolanda: "Desde pequena, sempre me comportei como um menino. Nunca gostei de brincar com bonecas, era rude e forte e gostava de esportes violentos; no entanto, nunca me senti atraída por nenhuma mulher, nem mesmo em fantasias."

Marcela: "Quando contei a minha mãe que era lésbica, ela não conseguia acreditar e me perguntou: 'Como é possível se você é tão feminina!' Talvez achasse que todas as lésbicas parecem-se com generais."

Ângelo: "Meu melhor amigo sempre foi muito afeminado. Lembro que, durante a escola, todos o importunavam muito e perguntavam a mim, que sou bem másculo, como podia andar com ele. Com o passar do tempo, descobri que eu sou gay e ele, definitivamente, heterossexual. Antônio é uma pessoa excelente e nossa amizade continua depois de dezoito anos; acho que o que nos manteve unidos é o profundo respeito que temos um pelo outro."

Carlos: "Meu pai nos abandonou quando ainda era criança. Assim, cresci com minha mãe e quatro irmãos. Lembro-me de que no primário, ao ficar de castigo, me puseram no grupo das meninas, no qual, outra vez, fui o único homem. Fiquei nesta situação durante, pelo menos, um ano de primário. Atualmente, sou uma pessoa que aprecia e admira muito a mulher; sei cozinhar, lavar roupa, costurar. Também sou uma pessoa sensível e terna, mas nunca me senti homossexual; eu adoro as mulheres."

Como anedota, lembro de uma ocasião que escutei um aluno da pré-escola, de uma escola judia, perguntar a seu pai: "Como são os católicos?" E o pai respondeu: "São todos diferentes; há negros, morenos, brancos, amarelos, amáveis, ranzinzas, bonitos e feios, iguais aos judeus." E o pequeno replicou: "Então como vou saber quem é e quem não é?" O pai, com um sorriso, disse: "Perguntando, ora."

É possível que alguém o tenha induzido a ser homossexual?

Não são poucos os pais que pensam que certamente seu(sua) filho(a) "viu algo" ou descobriu o que significa "ser gay", sobretudo agora, com a internet. Isto não é verdade: a identidade sexual das pessoas está determinada, o que quer dizer que não é uma escolha. Com as complicações que envolvem ser homossexual ou lésbica em nosso mundo ocidental, seria muito difícil acreditar que alguém, por vontade própria, decida ser assim e ter essa inclinação e sentimentos. Existem casos de meninas e meninos pré-adolescentes que percebem que gostam de pessoas do mesmo sexo, sem nunca terem visto um homossexual.

Pedro: "Desde os onze anos, sabia que não gostava de mulheres, mas foi aos treze que descobri o que eram homossexuais."

Inácio: "Eu gosto de homens desde que era um menino; costumava ler livros de aventuras e, cada vez que aparecia a palavra gay, achava que significava alegre, contente, algo assim."

Fernando: "Em casa nunca se falou de sexo. Eu nunca me senti atraído por uma mulher, mas não tinha com quem conversar."

Maribel: "Mesmo que eu simpatize com homens, sempre gostei de mulheres; não me lembro de alguma vez ter me sentido apaixonada ou atraída por um homem."

Israel: "Lembro que, por volta dos treze ou catorze anos, um dia, na escola, me chamaram de bicha e debocharam de mim. Não sabia o que isso queria dizer, mas senti medo e raiva."

Como as pessoas descobrem sua orientação sexual? Como é que alguém sabe que é heterossexual? É antes ou depois de ter tido uma relação sexual? A maioria das pessoas descobre que se sente atraída pelo sexo oposto antes de ter uma relação sexual. Como expliquei anteriormente, a orientação sexual é um sentimento, não uma ação, pois se fosse assim diríamos que uma pessoa virgem, que nunca teve relações sexuais, não saberia sua preferência sexual, e isso é falso. As pessoas virgens de todas as idades sabem por quem se sentem atraídas, mesmo que não tomem a decisão de pôr em prática seus sentimentos, ou não apareça oportunidade para fazê-lo.

A orientação sexual não é algo que se aprende. Se fosse assim, por que haveria um(a) filho(a) gay em uma família heterossexual e em uma cultura que promove tanto a heterossexualidade? Quase todos os contos de fada terminam no casamento do príncipe com a princesa. As pessoas não têm como aprender a ser homossexuais.

Mãe (PFLAG)[1]: "Não conheço ninguém que tenha se 'convertido', mas conheço sim, uma garota que adora sua irmã lésbica, que teve períodos de intenso contato com ela por mais de dez anos e que cresceu totalmente heterossexual."

Mãe: "Flagrei meu filho adolescente olhando páginas de homossexuais na internet e pensei: foi aí que ele aprendeu. Não sabia que já era gay e estava procurando com quem falar. Agora eu sei que olhar essas páginas não transforma ninguém naquilo que não é."

Amiga: "Convivo com muitos gays desde garota e nunca fui homossexual."

Fanny: "Desde muito criança convivo com heterossexuais e nunca fui assim."

Esther: "Desde pequena gostava das mulheres. Lembro que, no primário, me apaixonei loucamente por minha professora de espanhol, mas venho de uma família que repetia até a exaustão que os meninos gostam de meninas e as meninas de meninos. Então, comecei a pensar que talvez eu fosse homem. Ficava junto aos meninos para ver se era isso que estava acontecendo comigo, mas nunca gostei de futebol e nem de outras coisas; sou tranqüila e, o curioso é que adoro atividades tipicamente femininas, como bordar e cozinhar. Foi muito difícil chegar à conclusão de que posso ser mulher e ter todo o direito de gostar de mulheres."

Uma relação homossexual na adolescência pode motivar alguém a tornar-se gay?

Falso. Se bem que é certo que a adolescência é um período de busca da identidade no qual as pessoas podem experimentar todo tipo situações, também é verdade que ser homossexual ou lésbica é um sentimento e não uma ação, como afirmei antes. Alguém sabe que é heterossexual mesmo que seja virgem, pois seus sentimentos de atração tanto afetivos quanto sexuais estão orientados em direção ao sexo oposto. Com os homossexuais acontece o mesmo, com a diferença que a atração é em relação ao mesmo sexo. O adolescente pode ter uma relação homossexual como experiência sexual e isso não significa que seja gay, e outro pode ter relações heterossexuais como experiência sexual e saber que sua afeição e atração erótica são homossexuais.

Em algumas ocasiões, as palavras heterossexualidade, homossexualidade e bissexualidade descrevem uma conduta ou uma ação, mais do que uma identidade e um sentimento como tal. Se alguém tem uma relação homossexual e não é gay, o mais provável é que fique como uma recordação, independentemente da experiência ter sido agradável ou desagradável.

Daniela: "Eu tinha curiosidade, queria saber o que se sente fazendo amor com uma mulher. A experiência não me desagradou, porém gosto mais dos homens."

Alfredo: "Tive algumas relações homossexuais na minha adolescência, porém gosto mais das mulheres."

Leon: "Tive algumas relações heterossexuais na minha adolescência, embora sempre tenha sido homossexual."

Em outros casos, alguns jovens homossexuais buscam confirmar sua identidade experimentando com outros.

A adolescência é um período difícil, no qual uma pessoa que descobre que não é como a maioria pode chegar a sentir-se solitária e isolada. Muitos gays e lésbicas, no começo, acham que são os únicos com essas características em seu grupo de amigos.

Um pouco de reflexão é suficiente para se perceber que não existem modelos homossexuais para meninos e meninas gays, até porque não é permitido falar de um bom professor ou uma professora, um ídolo da televisão ou alguém de destaque que, entre outras coisas, seja homossexual.

Entretanto, ainda existe o mito de que uma menina ou um menino pode aprender a ser gay. Se isso fosse verdade, então teríamos de nos perguntar: o que acontece com tantos modelos heterossexuais, se as crianças gays continuam sendo gays?

Como esses meninos e meninas homossexuais se desenvolvem? Geralmente, o que acontece é que tentam adaptar os modelos aos seus sentimentos. Por exemplo, quando têm fantasias, simplesmente, em vez de sonhar com o príncipe e a princesa, sonham com dois príncipes ou duas princesas.

Em um mundo tão heterossexual, os pequenos gays têm que ir adaptando o que acontece no meio circundante à sua realidade.

Maurício: "Até meus quinze anos não havia conhecido nem visto um homossexual, a primeira vez que eu vi um foi num programa de entrevistas na televisão. Para começar, apresentaram esta pessoa como uma silhueta entre sombras, para que não pudesse ser reconhecida. A voz foi distorcida, como se ser homossexual fosse uma coisa ruim, algo assim como um criminoso. Eu senti medo, porém ainda não sabia o que significava ser homossexual, até que ele descreveu seus sentimentos de atração por um homem. Fiquei apavorado, porque eu tinha os mesmos sentimentos. Fiquei deprimido e me fechei durante um longo período da minha vida. Pensava sobre o meu futuro e me via num circo ou num desses programas onde os excluídos aparecem. Agora tenho trinta e seis anos e quando lembro desta história lamento muito não ter tido um modelo positivo que dividisse os mesmos sentimentos que eu."

Jacob: "Estava muito angustiado em relação ao futuro que me esperava sendo gay, até que conheci Marcos, um homem muito bem sucedido que também era gay. Felizmente percebi que ser bem sucedido não vai contra ser homossexual."

Betty: "Quando descobri que minha professora favorita também era lésbica, passava o tempo olhando para ela e pensando que queria seguir seus passos: ser uma profissional inteligente, independente, atraente; ter uma companheira por muitos anos, de preferência todos da minha vida. Foi um bom modelo para mim."

Arlette: "Tive alguns professores homossexuais, entre homens e mulheres, em minha vida, porém isso não me fez virar gay. O que me importa se são gays? Alguns eram bons professores e outros, muito ruins, como acontece com os professores heterossexuais. Inclusive, cheguei a admirar bastante o tipo de vida de uma professora lésbica, a tal ponto que chegava a me imaginar tendo uma vida como a dela, com a única diferença que queria vivê-la com meu marido."

Constantemente, os jovens homossexuais e as lésbicas têm de enfrentar a pressão heterossexual do ambiente.

Abraham: "No começo, achei que todos na escola fossem heterossexuais; havia competição para ver quem era o mais conquistador, pressão para ter relações sexuais com as garotas. Hoje percebo que havia muitos garotos homossexuais que fingiam como eu."

Marcos: "Decidi me tornar o mais heterossexual, inventava todo o tipo de histórias para que ninguém suspeitasse que sou gay e me aceitassem."

Israel: "Nunca consegui ter uma ereção com uma mulher, embora tivesse tentado muitas vezes. Lembro que uma vez paguei duas prostitutas para que dissessem que eu tinha transado com elas e, assim, ficar bem com meus amigos."

Rebeca: "Todos me perturbavam muito e me obrigavam a usar maquiagem e sair com rapazes. Nesse tempo eu já tinha uma namorada e me sentia mal por sair com outra pessoa. Sempre debochavam de mim. De qualquer maneira, nunca tive interesse em sair com rapazes, nem por obrigação."

Com toda esta pressão, não é raro que alguns homossexuais acabem tendo uma ou outra experiência com o sexo oposto antes de aceitarem que as relações com o mesmo sexo são mais satisfatórias.

Esta situação costuma parecer um tanto embaraçosa e confusa para os outros:

Mãe: "Fiquei confusa, minha filha teve vários namorados, por isso nunca pensei que fosse lésbica."

Mãe: "Eu estava transtornada, meu filho teve uma namorada durante uns quatro anos. Terminou o relacionamento e pouco tempo depois disse que era homossexual."

Alfredo: "Tive relações com algumas mulheres, no entanto, não sentia emoção alguma. Para mim era apenas uma descarga, uma obrigação social e nada mais; só quando tive relações homossexuais entendi verdadeiramente o que é o bom sexo e o amor."

Alessandra: "Eu não sabia que era lésbica, por isso comecei a sair com vários homens maravilhosos, até que comecei a sonhar e desejar sair com mulheres. Foi tudo muito confuso e estranho, não entendia por que estava passando por isso. Tentei superar, porém meu desejo de estar com mulheres se tornou cada vez mais intenso. Em pouco tempo me apaixonei por uma mulher e nunca me senti tão feliz."

Raquel: "No meu caso não é que uma relação heterossexual não seja satisfatória, mas uma homossexual é mais satisfatória. Não estou brigada com os homens, muito pelo contrário, na minha vida tive homens maravilhosos, mas nunca senti com um homem o que sinto com uma mulher."

Por outro lado, se você está pensando que um acontecimento traumático com uma pessoa do sexo oposto pode causar homossexualidade, está errado. Não há nenhuma evidência a respeito.

Em nosso país, o número de mulheres que sofrem abusos por parte de homens é muito alto e, no entanto, continuam procurando um parceiro heterossexual com quem possam partilhar a vida.

Uma situação traumática acontece tanto numa relação homossexual quanto numa heterossexual, porém, de nenhuma maneira, tem a ver com as pessoas mudarem sua orientação sexual.

Afinal, ser homossexual não significa odiar o sexo oposto, mas sim, ter atração por alguém do mesmo sexo.

Mariana: "Toda minha vida sofri abusos por parte dos homens. Meu padrasto abusou de mim várias vezes. Quando me casei, meu marido me bateu e me violentou, mas não me sinto atraída por mulheres."

César: "Lembro que, quando era jovem, um homossexual abusou de mim, nem por isso virei gay."

Adriana: "Não tive boas experiências com os homens. Quando criança, um vizinho abusava de mim, o que me deixou muito retraída e temerosa, sobretudo em relação ao sexo. Não sabia como me relacionar com um homem, por isso tive poucos namorados, e minha relação com eles também não foi muito boa, contudo, continuarei tentando, adoro os homens."

Virgínia: "Na adolescência tive algumas relações com homens, os quais me trataram muito bem A verdade é que não tenho queixa alguma. No entanto, sabia que apesar disso era lésbica, então um dia, quando estava desesperada, encontrei uma mulher que abusou de mim, foi bruta e egoísta. Essa foi a única experiência desagradável que tive em minha vida sexual Apesar dela, nunca perdi o interesse por mulheres."

Geraldo: "Lembro que durante adolescência tive meu primeiro encontro com um garoto: nem pensei se era certo ou não. Como é nessa idade que todos começam a ter encontros, pensei: 'Bom, sou gay e também quero sair com alguém.' Porém, tive a falta de sorte de ser pego pela minha mãe enquanto nos beijávamos. Ela ficou louca, brigou comigo e começou a me apresentar várias garotas. Para encerrar o assunto, saí com todas e isso acabou a história, ao menos para ela, pois não falou mais nada. Levei algum tempo para contar que sou gay. Foi horrível para ela porque lembrou-se imediatamente daquele episódio e me mandou a um psiquiatra. Insistia que o rapaz me deixara traumatizado e por isso eu tinha ficado assim."

Maripaz: "Após meu divórcio, não quis saber de nada que se referisse a homens. Tornei-me feminista, apaixonei-me por uma mulher e estou muito mais feliz. Durante anos achei que tinha virado lésbica devido ao meu casamento mal sucedido. Hoje, analisando bem, quando me casei nunca pensei na possibilidade de gostar de mulheres. Fui tão pressionada a casar que foi o que fiz, porém com o divórcio, tive a oportunidade de perceber que o casamento e namorar homens não são o único jeito de viver que existe. Então, decidi que, pela primeira vez, iria fazer o que realmente era melhor para mim e não para os outros."

Ninguém pode mudar nossa preferência sexual. O que é importante é que devemos entender que a orientação sexual é um sentimento de atração e amor pelas pessoas, sem importar o sexo a que pertencem. Não é estranho que alguém possa agir como heterossexual, ainda que sinta de forma diferente ou, como em outros casos, com o passar do tempo, descubra que tem sentimentos homossexuais e, portanto, sente-se melhor com um parceiro do mesmo sexo do que com alguém do sexo oposto.

Existe uma razão genética ou hormonal para a homossexualidade?

Muitos pais se perguntam se existe uma razão genética ou biológica para a homossexualidade. A resposta é incerta Ainda não foi encontrado nada que a prove. Inclusive, foi feito um estudo – sem êxito – de gêmeos univitelinos em que um é homossexual e o outro não.

Nos anos 70, um experimento interessante foi realizado: tentaram eliminar os desejos mediante a extirpação de uma região cerebral que se supunha promover o instinto gay. Entretanto, o famoso experimento só serviu para diminuir o impulso sexual, que continuou sendo homossexual.

Existem vários problemas na área da pesquisa sobre temáticas sexuais, principalmente, na homossexual. Infelizmente, muitos cientistas ainda não conseguiram separar seus preconceitos, crenças e valores pessoais da atitude com que devem desenvolver seu trabalho na pesquisa científica e objetiva, que está baseada em fatos comprováveis. Existem tantos tipos de gays quanto de heterossexuais, de forma que não foi possível padronizar e os poucos estudos sérios tiveram uma amostragem tão reduzida que o universo que usaram para a pesquisa não é representativo. Há muitas influências alheias à pesquisa. Por exemplo, quando a amostragem foi extraída de cadáveres de portadores do vírus da aids: em alguns estudos foi verificada uma baixa de testosterona em determinados homens. Em outros, o hipotálamo era menor em alguns indivíduos e em outros não. Em outros ainda, que existe um gen causador da homossexualidade (o xq28). Porém, há muitas dúvidas quanto à veracidade de todas estas hipóteses.

Grande parte das pesquisas não leva em consideração as lésbicas. Por conseguinte, não sabemos se uma mulher gay com aspecto muito feminino tem mais ou o mesmo nível de testosterona que um homem, apenas porque se sente atraída por mulheres, ou se é porque seu hipotálamo é maior. Também não se observa o que acontece com os homens e as mulheres heterossexuais (ou mesmo com os bissexuais) para que possa haver comparações. Essas falhas metodológicas tornam muito relativa a investigação. Ao se analisar homens heterossexuais, comprova-se que alguns deles têm baixa produção de hormônios masculinos (testosterona) e não são homossexuais, e que existem gays que não têm baixa hormonal nenhuma. E isto invalida e anula os resultados.

Algumas investigações distorcem suas amostras com a finalidade de corroborar suas hipóteses. Por exemplo, se eu quisesse confirmar que a maioria dos homossexuais masculinos se vestem de mulher e fosse pesquisar em uma boate de travestis, possivelmente comprovaria o proposto. Em outros casos, alguns teóricos chegam a conclusões sem haver estudado um número suficiente de casos de homossexuais, ou então, não comparam seus dados com casos de heterossexuais. Por exemplo, se conheço homossexuais, cujas mães gritavam muito com eles quando eram pequenos, posso deduzir que por isso se "tornaram assim". No entanto, existem milhões de gays que se entendem maravilhosamente com suas mães. Também existem milhões de heterossexuais que foram agredidos por suas mães durante a infância.

As pesquisas apresentam múltiplos resultados, alguns contraditórios e outras nem sequer foram concluídas. Debate-se muito sobre a validade de se encontrar as causas da homossexualidade, já que isso implica continuar aceitando que a heterossexualidade é a única forma saudável de vida.

A capacidade de reagir aos diversos estímulos do ambiente não é herdada. Uma frase da revista *Newsweek* dizia o seguinte: "É ingênuo pensar que um gene possa determinar uma vivência tão complexa quanto a orientação sexual de uma pessoa"[2]. Não obstante, esta é uma das teorias mais aceitas.

Depois disso tudo, medite sobre o seguinte: para que serviria conhecer a causa? Em que mudaria as coisas?

Existem pais e mães de gays, bem como muitos homossexuais, que procuram esperançosos uma causa, pois de alguma maneira vivem sentindo-se culpados. Lembre-se que a orientação sexual não é culpa de ninguém. Se seu(sua) filho(a) prefere comer peixe à carne, ou não gosta de batatas fritas, você se sente culpado por isso?

Nós, seres humanos, gostamos de controlar e padronizar a maior quantidade de coisas possíveis. Realmente, a existência de uma causa não mudaria muito a situação; mas aproximar-se de sua(seu) filha(o) e aprender com ela ou ele, talvez sim. Talvez apoio e amor sejam mais importantes neste momento do que especificar uma causa. Reflita: por acaso, pede-se aos heterossexuais que justifiquem sua orientação sexual? Como você se sentiria se o fizessem?

A homossexualidade tem cura?

Se você pensou em consultar um terapeuta com a esperança de mudar a orientação sexual de seu(sua) filho(a), é inútil. Assim como não há nada, até hoje, que determine a homossexualidade de uma pessoa, também não há nada que acabe com ela. Foi comprovado cientificamente que a homossexualidade não é uma doença e, por isso, não pode ser curada.

A homossexualidade não está relacionada a nenhum transtorno psicológico. Foram detectados alguns problemas psicológicos em homossexuais, mas estes, que também foram encontrados em heterossexuais, não estão relacionados com a preferência sexual. Há muito tempo que a maioria das associações psiquiátricas, psicológicas e sexológicas mais prestigiadas do mundo deixaram de considerar a homossexualidade como uma doença mental.

A seguir, um parágrafo de uma carta de Sigmund Freud dirigida a uma mãe americana datada de 9 de abril de 1935 (compilada pela PFLAG)[3].

"Querida senhora....

Deduzo, por meio de sua carta, que seu filho é homossexual. Estou muito impressionado pelo fato da senhora não usar o termo 'homossexual' nas informações sobre ele. Posso perguntar-lhe a razão pela qual o evita? É certo que a homossexualidade não é uma vantagem, mas também não é nada de que se deva envergonhar. Nem é um vício, nem uma degradação, nem pode ser classificada como uma doença. Nós a consideramos uma variante da função sexual produzida por uma retenção do desenvolvimento sexual. Vários indivíduos altamente respeitados na Antigüidade e, em tempos modernos, foram homossexuais, entre eles: Platão, Michelangelo, Leonardo da

Vinci. É uma grande injustiça perseguir a homossexualidade como se fosse um crime e, ademais, uma crueldade. Se a senhora não acredita em mim, sugiro que leia os livros de Havelock Ellis."

Essa era a opinião de Freud, considerado o pai da psicanálise, e embora naquele tempo ainda lhe faltassem elementos com respeito à homossexualidade, ele teve mais visão do que muitos estudiosos da atualidade.

Como disse um renomado psiquiatra, quando comentava com um colega suas impressões de trabalho: "É curioso, todos os meus pacientes homossexuais têm problemas", ao que o outro respondeu: "Sim, é muito curioso: todos os meus pacientes heterossexuais também." Antes, muitas das teorias psiquiátricas e psicanalíticas eram elaboradas nos consultórios, de tal forma que a concepção das coisas provinha, geralmente, das vivências e situações dos pacientes em tratamento, e não se preocupavam em sair às ruas e compará-las com o resto da população. Suas amostras, portanto, não eram representativas.

Em 1973, a Associação Psiquiátrica Americana determinou que a homossexualidade não é uma anormalidade, simplesmente, é uma forma natural de ser; conseqüentemente, assumiu uma postura oficial quanto a não ser ético tentar mudar a orientação sexual de uma pessoa.

Muitos afirmam que a homossexualidade é antinatural, o que é completamente falso, já que, se existe na natureza, é natural. É tão natural para uma pessoa ser heterossexual quanto para outra ser homossexual. Pedir a um homossexual que seja heterossexual é propor que se comporte de maneira antinatural.

Há uma história sobre uma família composta quase que totalmente por homens, a mãe havia morrido após dar à luz sua última filha. Assim, o pai ficou com três filhos e uma filha, a caçula. Um dia, ao entrar no banheiro, o pai encontrou sua filhinha de cinco anos urinando em pé e, conseqüentemente, com a roupa molhada. Ficou intrigado diante da cena e perguntou: "Por que você faz xixi em pé se você está se molhando?" A menina respondeu: "Em casa todos fazem xixi assim e eu quero ser como vocês. Tentei ir ao banheiro como vocês e não consigo." O pai ficou muito surpreso, principalmente ao descobrir que a menina já agia dessa maneira há bastante tempo, o que o fez explicar-lhe: "Filha, cada pessoa é diferente, e ainda que todos os que vivem nesta casa façam xixi de pé, não é o mais adequado para você. Você tem que procurar uma maneira mais confortável e sem se molhar, que se adapte a sua natureza. Todos nós fazemos xixi, mas cada um do seu jeito, conforme seja menino ou menina."

Pai: "Levei tempo para aceitar que entre o que a sociedade impõe e a natureza dispõe há, muitas vezes, uma grande diferença."

Antigamente, acreditavam que os canhotos estavam "errados", que eram antinaturais apenas por serem minoria, e o pior é que eram maltratados e depreciados. Era inconcebível que existissem pessoas que não fossem destras, e eram criados todos os tipos de mitos em torno delas. Chegou-se a acreditar que tinham algo a ver com o diabo.

Hoje, sabemos que escrever com a mão direita não é a única opção válida e que os canhotos e os ambidestros podem escrever tão bem ou mal quanto os destros. Embora a maioria das pessoas seja destra, existe uma alta porcentagem de canhotos. Pedir-lhes que escrevam com a mão direita é ir contra sua natureza Afinal, cada um escreve do seu jeito.

No aspecto sexual, dá-se como certo que todo mundo é heterossexual, então, um homossexual é considerado um heterossexual que insiste em sair das normas, do estabelecido e, conseqüentemente, um anormal.

Os termos "natural" e "normal" sempre foram usados como uma arma de discriminação, para demarcar o que supostamente é certo e o que é errado, algo completamente subjetivo: certo ou errado para quem?

Concluindo, ninguém sabe, até agora, quais são as causas da orientação sexual de um menino ou de uma menina.

De acordo com certas teorias, a preferência sexual pode estar determinada desde cedo. Outras afirmam que todos temos uma parte homossexual e uma heterossexual, e é necessária a participação de um conjunto de fatores para que se desenvolva uma, outra, ou ambas.

O que se sabe com certeza é que a maioria das pessoas não escolhe sua orientação sexual. Portanto, não é algo que se possa mudar. O máximo que se poderia esperar, dependendo do caso, seria que, se sua filha ou filho tivesse relações com uma pessoa do sexo oposto mas, sem amor ou real interesse, de que adiantaria? Geralmente, a sociedade tenta alinhar seus membros de acordo com os modelos de vida propostos por ela, evitando aceitar outras formas de vida igualmente válidas.

Talvez as pessoas que pensam assim nunca se tenham perguntado: como elas se sentiriam se fossem forçadas a ser homossexuais quando não são?

Pai: "Depois de muitas lágrimas, percebi que obrigar meu filho a ter relações sexuais com alguém que ele não deseja era violar seus direitos, e isso não está certo."

Mãe: "Acho que eu e meu marido perdemos de vista o que é realmente importante. Atacamos muito nosso filho, somente para transformá-lo naquilo que não é."

Pai: "'Caiu a ficha' para mim quando li uma frase que dizia o seguinte: 'Na vida temos de fazer o que é certo, não o que a maioria faz.'"

José: "Posso mudar meu comportamento sexual e me casar com uma mulher. Na verdade, muita gente vive casada como heterossexual durante anos, porém isso nunca vai acabar com meus sentimentos homossexuais. A diferença estaria entre amargar a minha vida e a vida da outra pessoa, ou viver livremente como sou."

João Diego: "Passei anos tentando ser heterossexual. Lamentava todos os dias não gostar da minha mulher. Sentia culpa porque, para ter uma ereção, tinha fantasias com homens. Um dia, cheguei à conclusão que, em vez de perder meu tempo me lamentando e esforçando-me para ser o que não sou, iria aproveitá-lo para usufruir o que sou e sempre fui. Divorciei-me e minha vida mudou."

Mãe: "Fiquei muito impressionada quando uma amiga de minha filha me contou que tinha feito várias tentativas para mudar e, ao ver que não conseguia, ficou tão desesperada e deprimida que tentou suicídio."

René: "Sempre me dei muito bem com meus pais. Minha família é muito importante para mim. Eles têm muitas expectativas a meu respeito. Não gostaria de decepcioná-los, por isso tenho tentado transar com mulheres ou pelo menos sentir algo com alguma delas, mas não consigo. Não sei o que fazer."

Em alguns casos, consultar um profissional pode ser de grande ajuda. Por exemplo:

- Se a intenção é dirigir seus sentimentos de maneira positiva e abrir canais de comunicação entre você e seu(sua) filho(a);
- Pode ser que você perceba que seu(sua) filho(a) não é feliz e precisa de ajuda para aceitar a si mesmo(a). Vivemos numa sociedade tão cheia de preconceitos e mitos sobre qualquer orientação sexual que não seja a heterossexual que, algumas vezes, isto faz com que a pessoa não se sinta confortável, dificultando a aceitação de sua preferência sexual;
- Talvez seu(sua) filho(a) deseje iniciar uma terapia para trabalhar outras coisas que não sejam sua homossexualidade.

Em todo caso, é importante que a ajuda venha de um terapeuta ou sexólogo que não tenha preconceitos e conheça suficientemente o assunto. Alguns terapeutas acreditam que ser homossexual não é errado, porém cada vez que o paciente fala de algum acontecimento heterossexual, mostram maior interesse e emoção, transmitindo a idéia de que ser homossexual não é correto.

Muitos homossexuais fazem terapia para trabalhar outras coisas que não têm relação com sua orientação sexual e, inclusive, muitas vezes procuram maneiras de ajudar as pessoas que entram em conflito com sua homossexualidade.

3
Mitos e crenças

A homossexualidade está assolada de mitos e crenças errôneas a seu respeito. Vamos agora eliminar alguns dos enganos mais difundidos sobre este tema.

A homossexualidade está associada ao desejo de mudar de sexo

Aqueles que desejam uma operação para a mudança de sexo são chamados de transexuais. A transexualidade está ligada à identidade entre o sexo (parte biológica) e o gênero (ser homem ou mulher), que neste caso não coincidem. A pessoa sente-se de um gênero e seu sexo é o contrário. Por esse motivo, alguns procuram a cirurgia para mudar sua aparência física.

Na homossexualidade, a pessoa está identificada com seu sexo (não tendo nada a ver se é masculinizada ou afeminada); tem plena consciência de que é um homem ou uma mulher, e não lhe interessa mudar isso. Ser gay tem a ver meramente com a atração erótica e afetiva em relação a pessoas do mesmo sexo, ou seja, com a escolha do parceiro.

> Esteban: "Quando disse a minha mãe que sou homossexual, ela achou que eu gostava de homens porque me sentia como mulher. Não podia imaginar que um homem gostasse de outro."

Alessandra: "O fato de que eu seja forte não significa que queira ser um homem. Sinto-me uma mulher e gosto de mulheres, tanto quanto os homens, mas é só isso."

Um homem ama outro como homem e uma mulher ama outra como mulher. Isso é a homossexualidade, independentemente do tipo de homem ou de mulher.

Todo homossexual quer usar roupas e acessórios do sexo oposto

Esta prática é conhecida como travestismo e está relacionada com todas aquelas pessoas que, não importando se são homossexuais ou não, divertem-se brincando de parecer com sexo oposto e, para isso, fantasiam-se ou usam algumas peças do vestuário desse outro sexo.

Apenas quinze por cento dos homossexuais são travestis. Muitas vezes, dentro da comunidade homossexual os travestis são rejeitados, porque passam a imagem de que todos os gays são assim.

Fala-se pouco do travestismo feminino e, de alguma forma, é mais aceito, pois quando uma mulher usa um terno, podemos achar que é a moda ou que tem um encontro de negócios. Talvez em outras épocas, por exemplo, quando a mulher usava apenas vestidos longos, fosse mais óbvio quando alguma desejava travestir-se.

Manuel: "Quando contei ao meu pai que sou homossexual, ele pensou que eu ia deixar o cabelo crescer e pintar as unhas, colocar brincos e mudar meu nome para Manuela."

Geraldo: "Estou casado com minha esposa há quinze anos e gosto de me vestir como mulher. É como um jogo erótico para mim. Não me sinto atraído por homens, nem quero ser mulher. É simplesmente um jogo de disfarces que provoca uma emoção muito especial. Acho que a maioria das pessoas pode se divertir, pelo menos um pouco, com isto. Em festas à fantasia, vi muitos homens e mulheres trocando de papeis e estavam se divertindo bastante."

Esther: "Eu gosto de usar roupas íntimas de homem, mesmo que meu estilo de vestir seja muito feminino. Isso me dá uma sensação de poder que me erotiza."

Vestir-se de uma forma ou de outra depende do contexto social em que estamos. Na Escócia, por exemplo, um homem que veste saia não está travestido, pois é um costume de lá. Hoje em dia, muitos jovens, seja qual for seu sexo ou orientação sexual, usam roupa unissex. Usam cabelos longos ou curtos, brincos em diferentes partes do corpo, calças de malha, coturnos etc. A moda é tão parecida para homens e mulheres, que às vezes fica difícil saber quem é quem.

Mayra: "Eu gosto de usar roupas masculinas porque são mais confortáveis."

Sérgio: "É uma pena que, no México, os homens não usem saia, pois somos muitos os que temos pernas sensacionais e não somos homossexuais."

Todo homossexual é promíscuo

Muitos acreditam que ser gay implica levar uma vida desbaratada, com poucos valores e muitas festas. Certamente que isto pode acontecer, porém não é mais freqüente do que com os heterossexuais, o que comprova que ser homossexual e promíscuo pode coincidir, mas uma coisa não é conseqüência da outra.

Pai: "Antes de saber que meu filho era homossexual, tinha a convicção ridícula de que os gays saíam com todo mundo, homossexuais ou não. Hoje, me envergonho pois, embora existam pessoas assim, elas podem ser encontradas também entre os heterossexuais. O que eu percebi é que meu filho Xavier, que é homossexual, tem relacionamentos mais duradouros e monogâmicos do que meus outros dois filhos, que pensam mais em sexo do que ele."

Sr Clark: "Alguns acham que somos pessoas terrivelmente sexuais. Somos pessoas sexuais, porém não terríveis."

A atração sexual não está vinculada à quantidade de parceiros que a pessoa tenha.

Antônio: "Meu parceiro e eu estamos vivendo juntos há doze anos e somos fiéis."

Gabriel: "Não me interessa alguém fixo, gosto de flertar e conhecer gente nova e sou heterossexual."

Fernando: "Para mim não há nada como conhecer gente nova, paquerar, ir a um barzinho. Neste momento, não me interessa namorar. Estou curtindo minha homossexualidade."

A homossexualidade é algo ruim

A homossexualidade, como qualquer outra orientação sexual, não é boa nem ruim: simplesmente é. Existem heterossexuais, bissexuais e homossexuais que fazem coisas inadequadas, por isso, deve-se falar do caráter das pessoas, não da sua orientação sexual.

O mundo se divide apenas em heterossexuais e homossexuais

Não se leva em conta que entre essas duas identidades existe grande diversidade, a que alguns chamam de bissexualidade, compreendida como uma gama de matizes de heterossexualidade e homossexualidade. Diz-se que a maioria de nós, seres humanos, possuímos grande flexibilidade e mobilidade quanto aos nossos gostos. Não somos rígidos e fixos, por isso, mesmo que em nós predomine a heterossexualidade ou a homossexualidade, temos a possibilidade de nos relacionar das duas maneiras. Outros entendem a bissexualidade como sendo o mesmo nível de atração por um sexo que pelo outro. Como exemplos, existem várias combinações:

- Pessoas com parceiros fixos heterossexuais, que mantêm relações homossexuais satélites ou circunstanciais, indepen-

dentemente de que estas situações tenham sido combinadas previamente, ou se dêem de forma oculta. Esta decisão implica uma escolha, não é acidental;
- Pessoas com um parceiro fixo homossexual que mantém relações heterossexuais, satélites ou circunstanciais, independentemente de um acordo estabelecido ou não. Também implica uma escolha;
- Pessoas que alternam a inter-relação com um ou outro sexo e que não têm parceiro fixo;
- A existência simultânea de relações erótico-afetivas com ambos os sexos;
- A existência de uma relação heterossexual, ou a busca da mesma, na qual não está incluída a outra preferência, mas tampouco é excluída. Existe a possibilidade de explorá-la em outra ocasião;
- A existência de uma relação homossexual ou a busca da mesma, sem excluir a possibilidade de explorar a heterossexualidade em determinado momento.

Às vezes, acontece que o indivíduo não se havia dado conta desta opção, pois a sociedade promove uma educação baseada no "preto e branco", a qual exige de seus integrantes que se coloquem num extremo de uma linha ou no outro.

Talvez, nesse sentido, o bissexual se encontre numa posição em que seus amigos heterossexuais achem que é "demasiadamente homossexual", enquanto que os homossexuais achem que é "demasiado heterossexual", pois as duas partes esperam determinação absoluta. Surgem, então, todos os tipos de interpretações possíveis. Por exemplo, que talvez seja um homossexual não assumido, ou que só deseja manter uma imagem socialmente. Estes comentários estão ligados à adoção da heterossexualidade como preferência inquestionável e pouco associados à realidade.

Com o propósito de mostrar com clareza a quantidade de dimensões existentes entre a heterossexualidade pura e a homossexualidade pura, apresento a seguir uma versão adaptada da tabela Kinsey-Lizárraga, relacionada com orientação e preferência sexuais.[1]

Tabela Kinsey[1]

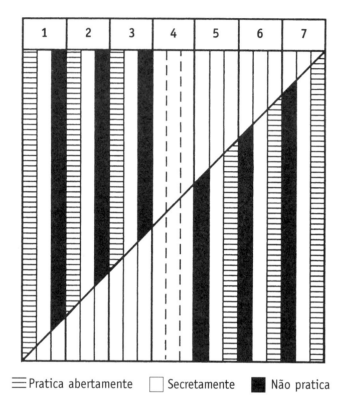

1. Somente com pessoas do sexo oposto
2. Ocasionalmente do mesmo sexo
3. Preferencialmente com pessoas do sexo oposto
4. A mesma atração por ambos os gêneros
5. Preferencialmente com pessoas do mesmo sexo
6. Ocasionalmente com pessoas do sexo oposto
7. Somente com pessoas do mesmo sexo

Aos olhos da sociedade desinformada, a bissexualidade gera uma sensação de falta de controle, de estar diante de alguém que não se define ou que não sabe o que quer. A verdade é que grande parte das pessoas de orientação bissexual não revela uma necessidade de definir-se como heterossexuais ou homossexuais pois, intimamente, existe a sensação de ser bissexual e, quando se dá o caso, quase sempre está de mãos dadas com o questionamento social.

Muitas pessoas tiveram experiências com homens e mulheres ao longo de suas vidas. Ainda que se teorize que a orientação sexual seja assentada muito cedo na vida, vimos que não há um padrão fixo de conduta pois, enquanto algumas vão descobrindo sua orientação sexual ao longo da vida, existem outras que, depois de levarem uma vida heterossexual satisfatória, de repente percebem que para elas as relações homossexuais são mais prazerosas, e vice-versa. (Não confundir o caso com um homossexual que faz um casamento heterossexual por excessiva pressão social ou por algum tipo de medo).

A maioria das pessoas não conhece nem explora seu potencial sexual. Outros vivem sua vida em um constante fluir, e podem ter momentos heterossexuais e outros totalmente homossexuais. Não vivenciam sua sexualidade como algo estático. Muitos bissexuais afirmam que se apaixonam por uma pessoa, não por um gênero ou um sexo.

Alberto: "Sou homossexual ou heterossexual, dependendo da pessoa que eu esteja amando no momento."

Quando uma pessoa vive uma vida heterossexual na prática e, subitamente, apaixona-se por alguém do mesmo sexo, dizemos: "converteu-se". Quando alguém vive como homossexual e de, repente, apaixona-se por alguém do sexo oposto, dizemos: "curou-se". Porém, poucas vezes alguém pensa: "descobriu-se".

A bissexualidade é seletiva, não é indiscriminada (da mesma forma que a homo e a heterossexualidade). Isto é, mesmo que a pessoa goste tanto de homens quanto de mulheres, não gosta de todos os homens, nem de todas as mulheres.

Pouco se conhece sobre a preferência bissexual, já que não se questiona a heterossexualidade e, nos últimos tempos, os pesquisadores se preocuparam essencialmente com a homossexualidade.

Os bissexuais se relacionam com um homem e uma mulher ao mesmo tempo

Nem sempre é assim. Como observamos nos exemplos citados, os bissexuais chegam a ter um parceiro homem ou mulher e ser fiéis a ele. A parcela da população que mais comete infidelidades é a dos homens heterossexuais com outras mulheres. Isto quer dizer que a bissexualidade não está relacionada com infidelidade, ainda que possa ocorrer.

Quando os pais são heterossexuais, os filhos também são

Nas páginas anteriores expusemos que a orientação sexual não é adquirida por exemplo ou por herança genética, portanto, pode haver filhos homossexuais em famílias heterossexuais, da mesma forma que existem famílias em que há mais de um membro homossexual ou bissexual.

João: "Para meu pai foi difícil no começo, e disse: 'Não pode ser, você vem de uma família de heterossexuais.'"

Alberto: "Meu pai disse: 'Como é possível, não conheço nenhum homossexual em nossa família!' E, há pouco tempo, minha prima saiu do armário..."

As relações de um casal têm como finalidade a reprodução

Há muitíssimas pessoas estéreis; então, elas não deveriam ter um parceiro? Esquecem-se também que existem casais heterossexuais que não desejam ter filhos.

Procriar é uma opção, não uma obrigação, ainda que este seja o costume em algumas sociedades. Que porcentagem da relação de um casal tem a ver com questões sexuais? Os casos estudados raramente ultrapassam trinta por cento. E dessa porcentagem, qual parte está vinculada à reprodução? A maioria dos casais tem dois ou três filhos e, mesmo que fossem muitos mais, o número não seria comparável aos atos sexuais que alguém pode ter ao longo da vida.

Em síntese, procurar e encontrar um parceiro implica muito mais coisas do que gerar filhos.

Os pais costumam perder de vista as necessidades que existem por trás da procura de um parceiro: sentirmo-nos amados, acompanhados, compreendidos, desejados, apoiados.

Miguel: "Deus nos deu a capacidade de reprodução, mas isso não quer dizer que as pessoas se juntem somente para exercê-la."

Rodrigo: "Deus fez o homem e a mulher, mas isso não significa que uma mulher só possa gostar de homens e os homens só de mulheres. Se fosse assim mesmo, não existiria a homossexualidade. Se a finalidade for a reprodução, são necessários um homem e uma mulher, mas para o amor e o sexo a coisa não precisa ser assim."

Os homossexuais podem abusar de menores

Poder, qualquer um pode, porém é interessante mencionar que as estatísticas registram que a agressão física, o abuso sexual, e os maus tratos ao menor são perpetrados, em noventa por cento dos casos, por homens heterossexuais, em sua maioria pais, padrastos, avôs, tios ou amigos dos menores agredidos, e acontecem, quase sempre, no próprio lar.

Abusar de outra pessoa está mais relacionado com a ética profissional e pessoal, do que com a orientação sexual. Um professor heterossexual pode chegar a dizer: "Que garota bonita." Porém, se for um profissional ético, não abusará dela. Da mesma forma, um professor homossexual pode comentar: "Que garoto bonito" e, se for profissional e ético, também não irá abusar dele. As pessoas têm as mesmas oportunidades de fazer ou não. Por isso, é mais importante prestar atenção no tipo da pessoa e em seus valores, do que em sua orientação sexual.

Os homossexuais são pessoas de mente aberta e grande conhecimento da sexualidade

Pode ser verdadeiro, da mesma forma que existem heterossexuais de mente aberta. Mas há homossexuais muito fechados, que vivem a homossexualidade como uma condição e nem por isso abriram suas mentes nem ampliaram seus conhecimentos sobre a sexualidade.

Érika: "Bom, eu gosto de mulheres, mas sou uma pessoa de princípios. Não entendo os promíscuos, infiéis, pervertidos ou coisas assim."

Ramón: "Não me ensinaram a falar sobre sexo. Esse assunto me incomoda."

Hernane: "Eu não sei o que acontece com o mundo: as pessoas já não conhecem mais a importância de se ter um parceiro e passar a vida toda com ele. Estou com Paulo há 22 anos e não temos intenção de nos separar."

Um grande número de homossexuais tem os mesmos mitos sobre a sexualidade que alguns heterossexuais, tais como: "As pessoas não devem se masturbar, é melhor procurar um parceiro." (A masturbação não causa mal nenhum a ninguém, tendo parceiro ou não). Outros sustentam mitos sobre as pessoas e casais heterossexuais. Da mesma maneira que existe a homofobia (medo e aversão aos homossexuais), existe a heterofobia (medo e aversão aos heterossexuais), que se manifesta em frases como: "Todos os homens heterossexuais são péssimos amantes", "Não entendo como podem existir casais heterossexuais. Homens e mulheres não se entendem, estão sempre se queixando um do outro", "Uma mulher não é feliz com um homem", "Os heterossexuais são promíscuos", "Você teve uma relação com uma mulher, que nojo!", "Como você pôde dormir com um homem! Ficou louca?"

Os homossexuais têm problemas com drogas e álcool devido à dificuldade de serem gays

É verdade que ter uma orientação sexual diferente da maioria não é fácil, como tampouco é fácil ser gordo, negro, moreno, usar óculos, ser pobre ou milionário, ser loiro, ser um gênio etc. Não obstante, as dificuldades da vida não nos levam necessariamente a problemas com álcool e drogas, mas, sim, a forma como as enfrentamos. Em todos os níveis sociais, econômicos e políticos, encontramos este tipo de problema sem que homossexuais estejam envolvidos. Muitos jovens gays (homens e mulheres), carecendo de orientação e apoio adequados que facilitem o processo de serem homossexuais, correm um risco maior de cair nas garras do álcool e das drogas, especialmente se sofrerem rejeição por parte dos pais. Por isso, informação e educação adequadas e oportunas são muito importantes.

Os índices de suicídio entre os e as jovens aumentam cada vez mais e se calcula que, para cada cinco suicídios, possivelmente três sejam cometidos por jovens homossexuais que, ao se verem rejeitados e discriminados por uma condição que não podem mudar, optam pelo caminho da morte. É importante lembrar que os homossexuais são a única minoria que não tem família, comunidade e sociedade em que possam se refugiar e, muitas vezes, esses núcleos são, precisamente, seus primeiros inimigos.

Um estilo de vida homossexual é imoral

É importante esclarecer que não existe um estilo de vida gay. Há muitos estilos de vida homossexual, tantos quantos de vida heterossexual. Existem pessoas muito respeitáveis que são homossexuais, e também criminosos homossexuais. As pessoas podem praticar atos imorais independentemente de sua orientação sexual. Cabe uma pergunta aqui: de onde saiu essa idéia? O que é um ato moral?

Uma mulher de aparência masculina deseja ser homem e vice-versa

Nunca faltam comentários como estes: "Se você gosta de mulheres masculinas, melhor sair com um homem", ou "Para que você quer um homem desmunhecado? É melhor arrumar uma mulher de verdade." Estas idéias são produto dos conceitos heterossexuais que compõem o manual de como ser homem e como ser mulher. No entanto, no ambiente homossexual não é raro encontrar uma mulher que goste de mulheres com aparência e/ou atitudes masculinas, o que não quer dizer que deseje ser "um homem", que é mais do que aparência ou atitude. Ser homem, em si mesmo, encerra muitas outras coisas além de um simples comportamento ou papel social, da mesma forma que ser mulher. Um homem, por mais desmunhecado que seja, não é uma mulher: é um homem afeminado.

As lésbicas usam brinquedos sexuais para substituir um homem

Falso. Se bem que é verdade que algumas utilizam, são uma minoria e de maneira nenhuma estão tentando substituir um homem, o qual é muito mais que um pênis. Esta é simplesmente uma forma de obter prazer sexual, como acontece com os homens que compram argolas para o pênis, não com a intenção de substituir a mulher, senão como uma forma de satisfação sexual.

Durante séculos, as mulheres foram ensinadas que não podiam usufruir sua sexualidade sem a participação de um homem. A sexualidade feminina raramente é mencionada, praticamente como se não existisse, a menos que esteja vinculada à do homem, com frases como: "Ele vai fazer de você mulher!" (ela já não era uma mulher?), "Ele vai ensinar você! Ele sabe!", "Ele tem que satisfazer você!" Estas situações pré-estabelecidas são uma carga muito pesada para os homens, e expõem uma grande ignorância por parte das mulheres com relação ao seu próprio corpo e seu próprio prazer. Como conseqüência desta forma de pensamento, estima-se que 60% das mulheres, no México, sofrem de insatisfação sexual. Muitas vezes, a mulher não conhece nem seu próprio corpo, e espera que o homem saiba do que ela gosta. O problema é que ele não pode ter um orgasmo por ela, já que cada pessoa é responsável pelo próprio prazer, assim como por alimentar-se ou tomar banho. Ninguém pode fazer essas coisas por nós. Uma mulher pode desfrutar plenamente de sua sexualidade, mesmo estando sozinha. As lésbicas não vivem incompletas por não terem um homem a seu lado. Na verdade, não precisam de um falo, nem os homens de uma vagina, para poderem aproveitar sua sexualidade.

Em uma relação homossexual entre homens a penetração anal é o mais importante

Para alguns é mesmo, mas existem gays que não a praticam, e outros que a praticam apenas ocasionalmente.

Nossa cultura tão genitalizada tende a ver mais pênis e vaginas do que pessoas. Freqüentemente, acredita-se que fazer amor é ter penetrações, mais do que uma forma de comunicação em que todo corpo participa como fonte de prazer e satisfação.

Percebi algo curioso: quando um casal ainda não praticou a penetração, em geral se dá mais oportunidades de explorar, beijar, cheirar, tocar um ao outro. Demoram todo o tempo do mundo para se curtirem. Quando a área genital entra em cena, o repertório sexual se fecha, as pessoas se "travam", beijam-se e tocam-se para passar ao que vem depois e já não se proporcionam o mesmo tempo de antes. Muitas vezes, perdem parte de sua criatividade sexual. Isso também acontece com os casais gays e lésbicos, com a diferença de que elas exploram mais suas possibilidades e jogos sexuais, são mais flexíveis quanto aos papéis e tendem a se conhecer melhor.

A orientação sexual se refere a preferir homens ou mulheres, tanto para o amor quanto para questões eróticas, o que independe do tipo de práticas ou jogos sexuais que se realizem. O sexo anal, oral, toques, as posições sexuais, são práticas sexuais que podem ser usadas em uma relação heterossexual, homossexual ou bissexual. Na verdade, estima-se que 30 a 40% dos heterossexuais gostam de praticar sexo anal como forma de obter prazer (o ânus é uma região de muita sensibilidade, na qual tanto homens como mulheres podem obter prazer), bem como o sexo oral e a masturbação mútua. Nosso corpo inteiro é uma região de prazer e, à medida que o exploremos, talvez encontremos agradáveis surpresas.

Às vezes, o sexo anal ajuda na anticoncepção ou a manter a virgindade. A penetração anal é uma das formas de estimular a próstata nos homens, gerando grandes ondas de prazer e satisfação, não importando a orientação sexual.

O sexo anal é criticado por não ser uma prática de reprodução, sem se considerar que beijos, abraços e carícias também não são e ninguém se escandaliza por isso.

Quando se dá muita importância aos genitais, a sexualidade pode ficar mecanizada e limitada. Lembre-se de que o maior órgão sexual que possuímos é a pele e o mais importante é o cérebro.

Marco: "Não entendo porque falam que a penetração anal é coisa de homossexuais. Eu sou heterossexual e gosto tanto de fazer sexo anal com uma mulher quanto que ela o faça em mim. O ânus é uma fonte de prazer, inclusive a estimulação da próstata é como o ponto G masculino. Acho que se alguns homens soubessem o que se sente perceberiam quantas coisas estão perdendo por acreditar em bobagens."

Artur: "Sou homossexual e, em meus 44 anos de vida, nunca tive relações anais. Simplesmente não me atraem. Há muitas outras coisas para se fazer na cama sem ser isso."

Mariana: "Sou heterossexual e adoro sexo anal. É uma sensação diferente da penetração vaginal. Para mim, complementam-se muito bem."

Santiago: "Eu gosto de sexo anal e sou homossexual, porém, não é a única coisa, nem o que mais me agrada."

Pai: "Antigamente, eu acreditava que os homossexuais procuravam apenas ter relações anais, o que me parecia bem desagradável. Lembro-me que uma vez gritei para um deles: 'O ânus é para cagar!', ao que ele respondeu: 'E a boca, para comer!' Isso me fez refletir, pois eu gosto de sexo oral. Eu me dei conta de todos meus medos e mitos e de que não sabia nada sobre sexualidade. Agora que eu já sei que meu filho é gay, muitas coisas mudaram para mim."

Os homens que fazem um exame de toque retal para examinar a próstata tornam-se homossexuais

Falso. Ser homossexual não tem a ver com apertar "teclas". Esta é uma observação tão absurda quanto acreditar que, porque uma mulher consulta uma ginecologista, vai se tornar lésbica. Novamente: a orientação sexual é um sentimento, não uma ação.

Uma pessoa que é gay está perdendo algo

Algumas pessoas se perguntam: como é possível que um homem nunca tenha estado com uma mulher ou uma mulher, com um homem em toda sua vida? O que acontece é que nunca pararam para pensar que, certamente, elas também nunca tiveram a experiência de uma relação homossexual em toda sua vida, e nem precisam.

Existem cada vez mais homossexuais ou bissexuais

Existe gente que acha que se trata de uma moda relacionada à época em que vivemos. Isto não é verdade. Se considerarmos que a orientação sexual das pessoas não é um feliz acaso, chegaremos à conclusão de que, em todos os momentos históricos da humanidade, existiu uma porcentagem de homossexuais.

Não se manda nos sentimentos. As pessoas não decidem sentir irritação, tristeza, medo, alegria, amor, desejo frente aos diferentes estímulos da vida. Talvez, a única escolha que temos seja a possibilidade de expressá-los ou não, entendendo-se que não expressá-los não significa que não estejam presentes. O que mudou é que, hoje, fala-se mais sobre o assunto, o que tornou possível que os gays falem, gerando, conseqüentemente, mais informações e menos mitos e preconceitos. Antigamente, assumir-se como homossexual podia implicar morte ou, no mínimo, uma sentença. Havia muito medo a respeito e os únicos homossexuais que se deixavam notar eram aqueles muito óbvios ou os revolucionários, que lutavam por seus direitos. Todos os demais passavam despercebidos socialmente, preferiam permanecer em segredo, correr menos riscos e manter em total privacidade a sua vida de casal e a vida sexual.

Ser um homem afeminado ou uma mulher muito masculina é de mau gosto e desagradável

Isto depende do gosto e da maneira de se enxergar as coisas, levando-se em consideração que cada ponto de vista é igualmente válido e respeitável. Contudo, não podemos esquecer que nossos gostos, especialmente os que se referem à beleza, feminilidade e masculinidade, tendem a estar permeados pelo tipo de cultura, época, momento histórico, situação geográfica, e etc. Como já mencionamos, existem culturas nas quais ser feminina não está associado à delicadeza, fragilidade ou ao uso de vestidos. Em alguns casos, uma mulher que representa um modelo da beleza ocidental pode ser repudiada, da mesma forma como acontece com os homens. Por exemplo, as mulheres chambuli, da Nova Guiné, são independentes, dominantes, enquanto que os homens são tranqüilos, dependentes e sem papel de autoridade. Não precisamos ir muito longe, basta observar a moda: o conceito de feminino e masculino muda com o passar dos tempos. Na Europa, no século XVIII, os homens costumavam usar perucas, maquiagem, rendas e tinham gestos muito femininos. Ser delicado, frágil e sensível era considerado refinamento. O homem estilo macho, certamente teria sido considerado grosseiro, vulgar e agressivo. Na Grécia antiga, os homens afeminados eram muito cobiçados, assim como no Amazonas as mulheres tinham que sair e caçar para sobreviver. As mais fortes, corajosas e intrépidas eram as mais bem vistas em seu grupo social.

Quando uma pessoa odeia os homossexuais, é porque talvez também seja e, como não se aceita, rejeita os demais

Se bem que isso possa chegar a acontecer, não é necessariamente verdadeiro. Muitas pessoas discriminam outras por ignorância, introjeções ou medos causados por uma longa tradição de mitos e preconceitos. Nós, seres humanos, temos dificuldade em lidar com as diferenças, e nossa primeira reação costuma ser repelir o que é diferente do que estamos acostumados ou do que está estabelecido.

Com o tempo, e conforme vamos nos familiarizando com as novas situações, aprendemos a conhecer e aceitar o que antes rejeitávamos.

4
Dúvidas sobre homossexuais

Já que a homossexualidade não costuma ser discutida nas escolas nem nos bares, ficam muitas dúvidas no ar. Tirá-las pode conferir muito mais tranqüilidade aos pais e mães que estão tentando compreender seus filhos.

Como são os casais gays?

Os casais são apenas casais. Se você tiver a oportunidade de conhecer um casal homossexual, seja de homens ou de mulheres, vai descobrir que não são diferentes dos heterossexuais: festejam aniversários, dão-se presentes, brigam, choram, fazem as pazes, convivem e partilham muitas coisas e muitos momentos.

Nós, seres humanos, no fundo, não somos tão diferentes uns dos outros. A seguir conto uma história que me parece interessante: uma vez escutei uma mulher dizer a uma colega que não podia entender um casal homossexual, ao que a outra respondeu: – Alguma vez você sentiu atração, amor, ciúme, ternura, paixão por outra pessoa?

A amiga respondeu: – Sim.

– Então, o que você não consegue entender? Se é um homem ou uma mulher é o que menos importa. Nós somos muito mais do que sexos. Imagine que o marido de uma amiga me desagrada e que eu o acho feio. Chego, inclusive, a me perguntar o que ela viu nele. Porém, nem por isso deixo de compreendê-la quando conta seus problemas e alegrias, pois eu também tenho alguém e vivemos, mais ou menos, as mesmas coisas.

Quem é o homem e quem é a mulher?

A respeito dos casais homossexuais e lésbicos, grande parte das pessoas faz essa pergunta. A resposta é: não há um homem e uma mulher, e sim dois homens e duas mulheres. Portanto, o esquema muda. É um mito que, em um casal gay, há sempre um homem afeminado e outro másculo, ou uma mulher com aparência masculina e outra feminina. É claro que isso chega a ocorrer, porém não é uma regra. Muitas vezes, as duas mulheres são igualmente femininas ou masculinas. No caso dos homens acontece o mesmo: os dois homens podem ser muito viris, inclusive másculos, ou delicados e sensíveis. Os papéis não estão tão marcados, nem tão determinados como em muitos casais heterossexuais. Os afazeres domésticos, a administração econômica, os detalhes da vida em comum, em geral, são divididos em função dos gostos, habilidades e disponibilidade de cada um. Não existem trabalhos próprios nem de homem nem de mulher. Há homens que cozinham maravilhosamente e mulheres que conhecem muito de mecânica e não são homossexuais. A tendência atual entre muitos casais heterossexuais é que os papéis não estejam tão estereotipados como antes; a necessidade que ambos trabalhem mudou as coisas, e esses convencionalismos sociais não têm mais tanto peso.

Quem é o ativo e quem é o passivo?

A resposta depende das pessoas e dos casais. Em geral, o comportamento varia, ainda que haja quem assuma um papel definido. Na verdade, ser ativo ou passivo está mais relacionado a gostos pessoais, como acontece com os casais heterossexuais, em que muitas vezes a mulher é mais ativa e tem mais iniciativa e em outras, acontece o contrário. Suas atitudes podem variar ainda, conforme o momento e as circunstâncias. Nos casais lésbicos, em alguns casos e em certos momentos, a mulher que parece mais masculina assume um papel passivo na cama, e a que aparenta mais femininilidade pode ser a que desempenhe o papel ativo. O mesmo pode ser observado entre homens homossexuais.

Muitos pais têm dificuldade em se familiarizar com a idéia de que ser homossexual implica levar uma vida ativa como casal. Por essa razão, às vezes, fazendo uma tentativa de não ficar no caminho, agem como se não existisse um casal, como se não acontecesse nada e todos estão felizes. Esta atitude não leva a nada de positivo, ao contrário, gera rancor, raiva e abre um distanciamento do filho ou da filha que esteja envolvido nesse caso.

Ainda que seja difícil para você, não finja que o casal não existe. Fale de seus sentimentos a respeito. É provável que aos poucos descubra que não é tão difícil de aceitar.

Mãe: "Eu já assimilei que meu filho é homossexual, mas que ele tenha um namorado, ainda é muito difícil para mim."

Pai: "Eu não sei por que, mas não posso aceitar o fato de que meu filho Eduardo tem relações sexuais com Artur. Só de pensar já fico irritado."

Adriana: "Minha mãe se refere à Estela como 'essa coisa'. Estamos juntas há quase dez anos e eu a amo. Pode imaginar como eu me sinto cada vez que escuto isso."

Mãe: "Eu não aceitava o namorado do meu filho, até que pensei que não queria perder um filho, e decidi que preferia ganhar dois."

Mãe: "Foi muito difícil conviver e assumir que minha filha tem uma mulher como companheira, porém isso nos ajudou a falar de nossos sentimentos. Ela foi muito compreensiva comigo e começamos a conviver gradativamente. Agora, me divirto saindo com ambas e considero as duas minhas filhas."

Pai: "O que me ajudou foi lembrar que meus pais desprezaram minha esposa durante anos e não foi nada agradável. Nem sequer queriam conhecê-la."

Se o problema é que o(a) parceiro(a) não lhe agrada, pense que o mesmo poderia acontecer se fosse heterossexual. Acredite, não perca a oportunidade de conhecer a pessoa que sua filha(o) ama. Pode ser importante.

A sociedade não costuma reconhecer um casal homossexual e um heterossexual como sendo, basicamente, a mesma coisa. Como disse Don Clark em seu livro *Loving someone gay*, em uma reflexão sobre como essas diferenças se tornam evidentes em nossa linguagem: "Tem-se como fato que em um casamento homossexual existe conflito, assim como se tem como fato que um heterossexual é indissolúvel. Quando a gente vê um casal gay pergunta: 'Como vão? Ainda estão juntos?' E um heterossexual: 'Como vão? Quais são as novidades?'"[2]

Por que alguns(mas) homossexuais se casam?

A resposta a esta pergunta, bem como a tantas outras, é individual. Cada pessoa tem suas próprias razões, porém, se olharmos em linhas gerais, vivemos numa sociedade que muitas vezes pressiona demais seus integrantes a casar e ter uma vida heterossexual, "como todo mundo". As mães ou pais não se perguntam qual é a orientação sexual de suas(seus) filhas(os) para poder propor um projeto de vida adequado para elas(eles).

São várias as razões que levam uma pessoa homossexual a se casar com uma heterossexual:

> Hugo: "Eu me importo muito com o que 'vão dizer'. Pensei que casar seria como ganhar o passe de aceitação para continuar pertencendo a minha família, comunidade, sociedade, sem ser 'o diferente'."

> João Paulo: "Venho de uma família muito religiosa e tradicional e meus pais tinham muitas expectativas a meu respeito. Não encontrei outra saída a não ser casar e viver resignado por um tempo, até que a infelicidade foi mais forte."

> Míriam: "Venho de uma família rica. Quando contei aos meus pais que sou lésbica, era adolescente, e foi um escândalo na minha casa.

Meus pais ameaçaram me abandonar e me deserdar e, para dizer a verdade, a idéia de perdê-los e viver com privações me apavorou. Então decidi satisfazê-los, casei e, pouco tempo depois, me divorciei. Tive o pretexto de, pelo menos, ter tentado."

João Diego: "Casei para esquecer que sou gay, tinha a esperança que isso ia me ajudar, mas não foi assim. Cada vez que fazíamos amor, eu tinha apenas uma ereção, outras vezes nem isso. Fomos a um terapeuta e tive que confessar."

Maria Carmem: "Casei-me porque achei que assim evitaria problemas com todo mundo. A verdade é que é difícil ser lésbica, ainda mais no lugar em que moro, onde todos sabem da sua vida."

Maurício: "Eu casei porque naquele tempo não havia muitas opções, o mundo gay não se manifestava e menos ainda sendo judeu. Foi um sofrimento, nunca fui feliz com minha mulher e imagino que ela também não comigo."

André: "Sempre acreditei que a homossexualidade fosse um pecado. Sentia-me culpado pois não me livrava dela, por mais esforços que fizesse. Então, fui conversar com um padre, procurando uma saída. Ele, além de confirmar meus medos e idéias, me deu a esperança de que estava precisando naquele momento: sugeriu que lesse a Bíblia com muita fé e que me casasse. E foi o que fiz. Durante anos, vivi atormentado, envergonhado, porém, não me livrei da minha homossexualidade. Por mais que tenha rezado e tentado gostar de uma mulher, não funcionou."

Vítor: "Achei que levar uma vida dupla fosse a solução, porém nunca imaginei que seria tão difícil. Sentia-me muito mal, tanto em relação à minha esposa, quanto ao meu namorado. Andar de um lado para outro, mentir, eu não faria novamente, isso não funciona para mim."

Frederico: "Eu menti para mim mesmo nos dezessete anos em que estive casado. Fui uma pessoa que só se permitia ser gay em fantasias, as quais vivia com muita culpa. Não havia contado a ninguém que sou gay. Agora, penso no tempo que perdi tentando pertencer a um lugar a que não pertenço."

Virgínia: "Eu não sabia que era lésbica. Fui muito feliz com meu marido, porém, um tempo depois, me apaixonei loucamente por uma mulher que é a minha companheira até o dia de hoje."

Mônica: "Casei porque as pessoas se casam. Eu tinha dezenove anos e cada vez que meu ex-marido me tocava sentia nojo. Minha mãe disse que ia passar, que eu ia me apaixonar, mas não foi assim. Minha aversão foi aumentando. Pouco tempo depois nós nos divorciamos e agora estou feliz, tanto emocional quanto fisicamente, com minha companheira."

Luísa: "Casei-me e, embora ainda ame meu marido, me dei conta de que sou bissexual porque também gosto de mulheres."

Alberto: "Casei por uma finalidade prática. No meu trabalho se exige que as pessoas estejam casadas de forma heterossexual para poderem conseguir uma promoção e, também, queria um filho. Fui sincero desde o começo e ela aceitou. Até hoje somos bons amigos."

É importante esclarecer que a pressão sobre o casamento também machuca muitos heterossexuais que não querem se casar, ou não encontram a pessoa certa e, como conseqüência, escolhem seus parceiros de forma mais ou menos aleatória.

Existem homossexuais que passam a vida toda sofrendo, porém nunca exercem sua orientação sexual.

Se alguns já sabem que são homossexuais, por que não o dizem abertamente?

Alguns são abertos quanto à sua orientação sexual, outros não. A maioria sai do armário com determinadas pessoas, e em determinados lugares, outros não. Não importa quão aberto alguém seja, a história de dizer "sou gay" nunca termina, sempre aparece alguém para quem contar: um novo colega de trabalho, amigo, vizinho, lugar. Em cada coisa nova que uma pessoa homossexual empreende aparece mais uma vez o desafio: para quem eu vou contar? Será que é, realmente, importante dizer ou não? O que vai acontecer?

É importante compreender que o homossexual seja homem ou mulher, joga com muitas coisas quando afirma que é gay ou lésbica. Muitas vezes esta declaração pode acarretar a perda do emprego, da família, de uma amizade íntima. Talvez quando a sociedade começar a entender e respeitar a diversidade de preferências sexuais, isto possa mudar.

Quando alguém diz que é lésbica ou homossexual passa de "engenheiro", "médico", "professor" ou "cantor" a "puto" ou "lésbica". Parece que depois que as pessoas descobrem que alguém é homossexual, todo o restante desaparece e a única coisa que brilha é esse fato, como se fosse algo ruim.

Não é uma obrigação declarar nossa orientação sexual, é um direito. É curioso que raramente se exige das pessoas heterossexuais que revelem sua situação íntima.

Nós, seres humanos, tendemos a esquecer as diferenças; quando algo se desvia do que estamos acostumados, ele chama nossa atenção. Dentre todas nossas particularidades, a preferência sexual é a mais estigmatizada. Parece que as pessoas preferem ignorar que existem gays em todas as culturas, etnias, religiões, lugares, classes sociais, econômicas e políticas.

Essas são algumas das razões pelas quais um indivíduo pode escolher não contar que é gay, lésbica ou bissexual e, inclusive, assumir-se como heterossexual, quando uma determinada situação assim o exigir, por exemplo, a possibilidade de ter problemas no trabalho.

Isso não quer dizer que a pessoa tenha problemas para aceitar a si mesma, simplesmente, pode ser uma forma de se preservar no âmbito social.

Se ainda está difícil entender, eu proponho um exercício. Pense em alguma coisa que você nunca contou a ninguém, e escolha uma pessoa de confiança para fazê-lo.

Atreveu-se ou não? Se não pôde fazer o exercício, pense no que foi que o deteve? Se você conseguiu, preste atenção nos pontos que facilitaram sua declaração. Por último, não importa que atitude você tomou, reflita sobre os sentimentos que surgiram ao longo do exercício.

Por que ao sair do armário alguns se tornam afeminados e outras se tornam mais masculinas?

Como vimos anteriormente, ter uma personalidade masculina ou feminina – como é interpretado atualmente – está relacionado sobretudo ao caráter, gostos pessoais e ao ambiente, porém não depende nem da preferência sexual, nem do gênero, tanto é que homens e mulheres podem ter características diversas.

Os gays já não seguem o que a sociedade estabelece, então um homem ou uma mulher, independentemente de quão afeminado ou masculina sejam, permitem-se a oportunidade de descobrir que tipo de homem e mulher desejam ser. Não aceitam o esquema social *per si*, e isso os ajuda a não ter o mesmo medo que muitos heterossexuais têm de expressar sua parte feminina ou masculina.

Pois bem, exagerar nos atributos masculinos ou femininos quando saem do armário depende de cada um. Não é possível generalizar, porém, entre os motivos mais comuns desta reação encontramos:

- A sociedade reprime tanto a homossexualidade que, em algumas ocasiões, exagerar é uma maneira de rebelar-se, de se fazer notar, de dizer: "Sim, sou e existo, tenho direito." É como gritar para o mundo que os homossexuais estão aí, mesmo que alguns finjam que não existem;
- Como ilustração: conheci um homem muito afetado, que se divertia enormemente exagerando seus gestos e tom de voz. O interessante é que, conforme foi se sentindo aceito e respeitado, o exagero foi diminuindo (pelo menos, enquanto conversava comigo). Parecia que já não precisava chamar atenção;

- Alguns aspectos do ambiente homossexual: "desmunhecar" (maneirismos), ou todas as manifestações de masculinidade constituem uma forma de diversão e código entre os gays; inclusive, para muitos, representam uma maneira de sentir-se integrantes de um grupo;
- Alguns homossexuais acham que, se não forem um pouco afeminados, não serão suficientemente gays. Lembremos o que acontece entre amigos: se você não toma um porre em uma festa, não se diverte ou não pertence ao grupo. A intenção deste exemplo não é fazer uma comparação com as bebidas alcoólicas, que nada têm a ver com a homossexualidade, mas sim demonstrar a forte influência dos mitos e das pressões sociais;
- Lembre-se: nem todos os homossexuais e lésbicas assumem o estereótipo, assim como nem todos os jovens necessitam se embriagar para dizer que se divertiram em uma festa;
- Talvez a pessoa sempre tenha sido assim, e agora que você já sabe que ela é homossexual ou lésbica acaba prestando mais atenção.

Ernesto: "Já que saí do armário, decidi que ia ser muito gay."

Patrícia: "Não é fácil reconhecer quem é homossexual e quem não é; eu me mostro mais lésbica quando quero que as pessoas percebam quem eu sou e aquelas que também são possam flertar ou, pelo menos, se aproximar de mim."

Roberto: "Adoro desmunhecar, me divirto bastante, me sinto livre. Não tenho que andar por aí preocupado com as aparências, se pareço bicha ou não."

Roberta: "Não sei por que sou assim, a única coisa que eu sei é que tenho direito de ser como quiser."

Joel: "Adoro desmunhecar. Fui reprimido durante tanto tempo que, quando saí do armário, decidi pôr tudo para fora. Que o mundo saiba que eu sou gay, e daí?"

Raquel: "Antes de descobrir que era lésbica tive um longo período heterossexual, durante o qual tive amigos pessoais do sexo masculino. Os rapazes com quem eu saía ou andava eram amigos ou namorados de amigas minhas. Então, comecei a perceber que, desde que saí do armário, tenho mais amigos do que amigas. Refletir me fez perceber que quando estou em um ambiente heterossexual tenho que ficar me policiando para não parecer masculina, para que ninguém note que sou gay, reprimindo o meu jeito de ser. Agora, posso me expor quanto quiser, sinto-me segura ao estar com um homem sem ter que fingir um tipo social de mulher que não sou."

Fernanda: "Eu era bastante masculina, porém, a partir do momento em que descobri que era lésbica e saí do armário, me tornei sumamente feminina. Acho que assim afugentava os homens, mas agora, como eu quero atrair uma mulher, não preciso ser masculina."

Porque eles têm de se exibir publicamente?

Os homossexuais e bissexuais (mulheres e homens) são acusados com freqüência de exibir sua sexualidade publicamente, seja quando demonstram afeto por seu parceiro ou quando vestem roupas, símbolos ou acessórios que evidenciam sua orientação sexual. Se você é daqueles que se sentem incomodados por que sua(seu) filha(o) demonstra afeto por seu par em público, possivelmente isso é devido a que não estamos acostumados a ver cenas de amor homossexual. Lembre-se de que os casais heterossexuais, bissexuais e homossexuais demonstram afeto porque sentem amor, admiração por seu parceiro. Pare alguns instantes e reflita: você julga do mesmo modo um casal heterossexual que demonstra afeto publicamente?

Geralmente, um casal heterossexual que exibe seu amor parece romântico e terno, enquanto que um homossexual é considerado repugnante e de mau gosto.

Em um mundo onde ainda se espera que todas as pessoas sejam heterossexuais, sair do armário é a única maneira que gays, lésbicas e bissexuais têm de se fazer notar, de dizer que existem.

O engenheiro Cuauhtémoc Cárdenas disse uma vez, referindo-se ao terrível problema das passeatas: "As passeatas pedem para ser ouvidas, ouçamos. Enquanto o governo continuar fingindo que não está acontecendo nada, o caos vai ser cada vez maior."

No final dos anos 60, os homossexuais eram praticamente invisíveis. A maioria não falava sobre sua orientação sexual. Sendo notórios apenas os estereótipos de homem afeminado e da mulher machona e era isso o que se conhecia.

Aos poucos, as coisas foram mudando. Cada vez mais homossexuais, homens e mulheres, atrevem-se a falar, escrever, ensinar ao mundo que uma pessoa pode ser vista como as outras, estar em perfeita saúde física, emocional e mental e ser gay.

Deste modo, as falsas idéias e os estereótipos foram sendo derrubados. Pouco a pouco, a sociedade está começando a ver os homossexuais como a qualquer um.

Mostrar-se como se é, é uma opção para evitar a invisibilidade social, reforçar a auto-estima e manifestar os próprios direitos.

Imagine que fosse o contrário, que fosse você a julgada ou julgado. Pense como se sentiria se tivesse que viver se escondendo dos outros, inclusive das pessoas que ama, como se fosse uma(um) criminosa(o). Provavelmente, estaria em uma mesa jantando com seus amigos, ouvindo sobre o aniversário de alguém, das brigas conjugais de um, dos projetos de vida do outro, e você sem poder contar suas experiências, brigas e aniversários. Pelo contrário, talvez tivesse até que fingir que não tem ninguém. Imagine estar com a pessoa amada e não poder segurar-lhe a mão ou dar-lhe um beijo num lugar público, e esperar "até chegar em casa" para poder fazê-lo. Desgastante, não acha? Bom, pois estes são alguns dos episódios que os casais homossexuais vivem no dia-a-dia.

Marcelo: "Eu não quero viver escondido por ser o que sou, nem ser agredido. Refiro-me aos meus direitos. Tenho os mesmos direitos que os outros."

Adriano: "Quando participo de uma passeata gay, me sinto parte de um grupo. Dá força interior; não sou o único e tenho direito de ser como sou."

Elvira: "Eu me mostro tal como sou. Por acaso, não tenho direito de segurar a mão da minha namorada e de beijá-la? O que há de mal nisso, se milhares de casais heterossexuais também o fazem?"

Antón: "Eu não me exibo, os outros é que ficam me olhando. Eu sou assim, não faço mal a ninguém e tenho direito. Aquele que não gosta do meu jeito de ser, que feche os olhos."

Heitor: "Na minha família, mesmo sabendo que sou homossexual, não querem saber de nada 'disso'. Não conhecem meu parceiro, meus amigos, nem 70% das coisas que eu faço, e não me refiro à sexualidade, mas às minhas atividades cotidianas."

Com respeito a isso, Vito Russo escreve: "Colaboramos durante muito tempo com a manutenção de nossa própria invisibilidade... Essa festa já terminou."

Se você está preocupado com a possibilidade de reações negativas, represálias ou estigmas, pense que muitos homossexuais, lésbicas e bissexuais podem estar se censurando porque compartilham esses mesmos medos. Além de tudo, não poderão se esconder a vida toda. Os heterossexuais se fazem notar, e bissexuais e homossexuais têm o mesmo direito. Afinal, a decisão de se mostrar ou não é de seu filho ou filha.

Para muita gente é difícil ter manifestações de afeto com pessoas do mesmo sexo. Leva tempo erradicar os sentimentos homofóbicos para poder integrar isto como parte da vida cotidiana. Quando os pais começam a entender que a relação homossexual de sua(seu) filha(o) é igual a uma relação heterossexual, podem aceitar as diferenças sem sentir-se incomodados.

Alguns pais se preocupam com o momento em que serão visitados por seu (sua) filho(a) e seu parceiro(a).

Não sabem como agir, como vão se sentir; outros preferiram não visitar nem ser visitados, já que poderia apresentar-se uma situação difícil de administrar.

Mãe: "Tenho medo de convidar meu filho e seu namorado para jantar em casa, não sei como vou reagir, ou como vou me sentir, e não quero magoá-los com meus preconceitos."

Pai: "Eu não quis conviver com minha filha e sua namorada durante uns três anos. Avisei que não viessem juntas à minha casa. Porém, privei-me de compartilhar com ela uma das coisas mais significativas de sua vida. Não sabia se tinham algum problema ou alegria. Minhas conversas com minha filha se tornaram banais. Comecei a pensar muito sobre o que é ser um bom filho, se é aquele que faz o que seus pais querem que faça. Acho que não."

Mãe: "Levei muito tempo, mas um dia decidi que já era hora de enfrentar que meu filho tinha uma vida de casal como tantos outros. Me enchi de coragem, falei com ele e disse que gostaria que os dois viessem jantar em casa, porém pedi que tivesse um pouco de paciência no começo, até eu me acostumar. Satisfeitos, eles aceitaram o convite. No começo – tenho que admitir que o ambiente ficou um pouco tenso – não sabíamos o que fazer, porém eles tomaram as rédeas e começaram a conversar como se nada estivesse acontecendo. Compreendi que não tinha nada de mais, e nos divertimos o resto da noite."

Muriel: "Soube que minha mãe tinha aceitado quando convidou a mim e a Sandra para o Natal em sua casa e nos deu o quarto de casal, assim como faz com meu irmão e sua esposa."

Se você ainda não pode ver uma manifestação de amor homossexual com os mesmos olhos que uma heterossexual, não se sinta culpado, isso leva tempo.

Por que os homossexuais têm fama de paquerar todo mundo?

Porque existe o mito. Cabe reiterar que as pessoas criam muitas fantasias, quando desconhecem algo.

Há muitos heterossexuais que vão a um bar ou uma discoteca gay e depois dizem que todos os homens ou mulheres flertaram com eles. Esta sensação muitas vezes é resultado do medo de que isto, efetivamente, aconteça. Em outras, o que acontece é que, nesses lugares, uma forma de estabelecer contato é através de olhares ou um sorriso, como num bar ou discoteca heterossexual. Além do mais, quando alguém vai a um lugar pela primeira vez, olha com curiosidade as pessoas que estão ali. Então, se um homem percebe que está sendo observado por outro e está em um lugar onde homens flertam com homens, é bem possível que pense que se trata de uma paquera. E, se você for o seu tipo, possivelmente será correspondido(a)...

Amigo: "Fui a um bar gay porque minha melhor amiga é lésbica e sempre foi comigo a lugares hetero, então eu achei justo acompanhá-la a um lugar gay. Uma vez lá dentro, tinha pavor de ir ao banheiro sozinho, achava que todos os homens me olhavam e queriam fazer algo comigo. Agora que estou mais acostumado a ir nesse tipo de bar, sei que eram mais minha fantasia e medo do que a realidade."

Amiga: "Fui a um lugar gay com uns amigos por curiosidade. De repente, uma garota começou a me paquerar e eu simplesmente expliquei que sou heterossexual. Ela olhou e disse: 'Que pena.'"

Amiga: "Um dia fui a uma discoteca para lésbicas e, quando uma delas se aproximou para me tirar para dançar, eu disse que era heterossexual, e ela respondeu: 'E daí, isso a impede de dançar comigo?'"

Amigo: "Fui a um bar gay com uns colegas de trabalho que são homossexuais. Imediatamente, senti que um rapaz me olhava com insistência, e isso me deixou um pouco desconfortável. Ele se aproximou e, ao ver minha reação, disse: 'Não é minha intenção incomodar, mas você está olhando para esses rapazes a um bom tempo (nunca tinha visto dois homens se beijando). Gostei de você e pensei que estivesse procurando companhia.' E acrescentou: 'O que espera que eu pense se você está num lugar gay? Quando ando pela rua tenho que ficar adivinhando quem é e quem não é, e este é um dos poucos lugares onde posso ter certeza que os que estão aqui são, e assim posso paquerar livremente quem me atrair.'"

Amigo: "Depois que descobri que meu melhor amigo é gay, decidi conhecer mais sobre seu mundo. Ele passou a vida toda num mundo heterossexual, e eu não conhecia nada do homossexual, então fui com ele a uma discoteca. Para mim foi uma surpresa: era igual aos lugares de heterossexuais, a diferença é que os homens paqueram homens e as mulheres, mulheres."

Pai: "Um dia me animei a acompanhar meu filho a um bar gay para conhecer e conviver mais com ele. Foi uma experiência bem divertida. Aprendi que os bares são bares em qualquer lugar, nada nem ninguém me incomodou. Na verdade, fiquei bem à vontade tagarelando com seus amigos."

Muitos heterossexuais se queixam de que são cortejados por homossexuais. Deve ser levado em consideração que, quando um homossexual tenta flertar com alguém, não sabe se a outra pessoa é ou não. É estranho, mas as pessoas acham que os homossexuais, especialmente os homens, estão sempre tentando conquistar qualquer um. Isto é falso, porque se existem aqueles que gostam de paquerar, não são em número maior que os heterossexuais. Geralmente, por questões culturais, estimula-se e promove-se no homem o direito da conquista, independentemente de sua orientação sexual. Contudo não nos esqueçamos de que também há um grande número de mulheres que gostam de tomar a iniciativa.

Depois de tudo, frente a qualquer insinuação ou convite, há sempre a possibilidade de dizer não, não importando de quem provenha.

Carmem: "Nós, mulheres, somos menos óbvias. Quando me interesso por uma mulher, como posso saber se é gay ou não? Ora, perguntando."

João Carlos: "Lembro que uma vez um homossexual 'me agarrou'. Não gostei muito, mas expliquei que sou heterossexual e daí passou. Uns tempos depois, fui a um bar e comecei a 'azarar' uma mulher muito bonita. Ela se incomodou um pouco e me explicou que era lésbica."

Fabrício: "Eu sou um homem muito sensual e se encontro outro que me atrai, começo a me insinuar. Se ele não quiser nada, que fale não."

Maurício: "Sou homossexual e muitas vezes as mulheres dão em cima de mim. Eu não me ofendo, apenas esclareço que sou homossexual."

Porque alguns homossexuais são tão insistentes?

Tanto entre os heterossexuais quanto homossexuais existem aqueles que são sexualmente muito insistentes. No dia-a-dia estamos mais acostumados com a insinuação e a insistência heterossexual do que a homossexual.

Marta: "Sou lésbica e ao longo da minha vida fui mais assediada, e inclusive perseguida no trabalho, em festas e bares por homens do que por mulheres em lugares gays."

Marcos: "Uma vez um homossexual me paquerou; eu me assustei, senti raiva e pensei: 'Esses putos são uns cafajestes que não param!' No entanto, um dia, numa festa, vi meus amigos sendo mais cafajestes com as garotas do que essa bicha."

Daniel: "Acho que ser 'cafajeste' e assediar insistentemente é do caráter de cada um. Conheço tanto heteros quanto homos muito paqueradores e, do mesmo modo, conheço pessoas muito tranqüilas, inclusive tímidas que não são de paquerar ninguém."

Lembre-se de que um homossexual não gosta de todos os homens, nem uma mulher de todas as mulheres. Por exemplo, um homem e uma mulher gay podem ter amigos do mesmo sexo e não desejar ter relações sexuais com eles ou elas nunca na vida.

Davi: "Que eu goste de homens não significa que goste de todos."

Valentina: "Eu sou bissexual, porém isso não quer dizer que gosto de todas as mulheres e todos os homens."

Amiga: "Tenho um grupo pequeno de amigas há mais de dez anos e me lembro de uma história que já tem um certo tempo. Uma semana após uma de nós ter saído do armário, assumindo-se como lésbica, nós fomos viajar. Realmente, essa declaração nos deixou espantadas, mas, na verdade, não demos muita importância. À noite, logicamente, alguém teria que dormir no mesmo quarto que ela. Foi então que percebemos que sentíamos medo de que algo pudesse acontecer. Assim, decidimos ser honestas e dizê-lo cara a cara. Dissemos que não haveria problema algum, desde que ela prometesse se comportar direito. Ela ouviu com atenção e respondeu com um sorriso: 'Para dizer a verdade, amigas, eu sei que vocês são muito vaidosas, mas nem que vocês fossem bonitas e gostosas' (começamos a gargalhar). Ela continuou explicando e, enquanto falava, nos dava uma lição: 'Sempre fui gay, há cinco anos dormimos juntas e nunca aconteceu nada. O fato de vocês saberem agora não muda as coisas. Que eu goste de mulheres não quer dizer que eu gosto de todas. Sei perfeitamente bem quando sinto amor ou desejo por alguém e quando é amizade'. Foi muito positivo falar de nossos medos e inseguranças."

Como é possível que uma pessoa madura continue sendo gay?

Por muito tempo existiu a idéia de que ser gay é uma etapa da vida. Ser homossexual está relacionado com uma identidade e um sentimento, não com um período da vida. Assim, como uma pessoa não precisa ser maior de idade para perceber que é gay, por esta mesma razão, não é algo que acabe com o passar dos anos.

A maior parte das pessoas descobre desde muito cedo que é heterossexual, apaixona-se pelo professor ou professora, pelo(a) colega, vizinha, e etc., e este sentimento de atração pelo sexo oposto não desaparece conforme vai crescendo, não é? Acontece o mesmo com a homossexualidade.

A ignorância que existe a respeito está refletida em nossas leis. É impressionante saber que um adolescente menor de idade com um parceiro homossexual é mal visto socialmente. No entanto, está tudo bem quando o casal é heterossexual. Isto nos mostra que prevalecem mitos muito arraigados, porém a natureza segue seu curso inexorável. O adolescente gay, provavelmente sai às escondidas com seu namorado ou namorada (se tiver), consciente de que fazê-lo não mudará a situação. Conseqüentemente, muitos adolescentes vivem em grande solidão, pela dificuldade de encontrar ambientes sociais homossexuais para poder desenvolver-se, ou pessoas com quem possam falar sobre seus sentimentos.

À nossa volta, jovens heterossexuais são estimulados a buscar o amor e encontrar alguém, coisa que não acontece com um rapaz ou uma garota homossexuais.

Os homossexuais têm os mesmos direitos que os heterossexuais?

Infelizmente, ainda não. Vivemos numa sociedade que continua confundindo a diferença com deficiência ou com o "é errado". Não foi possível erradicar a ignorância a respeito da homossexualidade, nem das crenças antigas de que uma pessoa com esta orientação sexual tinha uma doença, era um delinqüente, alguém sem moral nem escrúpulos, que ameaçava a sociedade. Hoje em dia, a ciência já determinou que as preferências sexuais não têm relevância a esse respeito. O comportamento delinqüente, as doenças mentais e os atos imorais podem se manifestar tanto em heterossexuais e bissexuais, como em homossexuais. Não existe um estilo de vida ou uma "personalidade" homossexual. Que a gente se sinta atraída erótica e afetivamente por outra pessoa do mesmo sexo, não é uma escolha como decidir roubar ou não. Não é um crime e não prejudica ninguém, e portanto, não representa delito algum. No entanto, ainda existe um tratamento desigual para com os homossexuais.

A constituição outorga os mesmos direitos e as mesmas obrigações a todos os cidadãos igualmente, não importando sua religião, sexo, raça ou camada social. Entretanto, na prática, não se aplica da mesma forma. Os homossexuais têm as mesmas obrigações, mas nem sempre os mesmos direitos. Por exemplo, não lhes é permitido um casamento legal; os benefícios que as empresas normalmente outorgam aos cônjuges de seus trabalhadores não são garantidos a(o) companheira(o) homossexual; as instituições que expedem cartões de crédito não querem fornecer um cartão adicional ao parceiro; algumas companhias de seguros não aceitam como beneficiário o parceiro homossexual ou não o reconhecem como parceiro; questiona-se a paternidade ou maternidade de um casal gay. A revista *Newsweek* publicou uma entrevista com a cantora de rock Melissa Etheridge, que queria se casar com sua namorada, o que não foi permitido legalmente. Ela declarou a respeito: "Se não querem que eu me case, se isso incomoda, não tem problema. Porém, eu acho que, como cidadã americana, que cumpre as leis, pagadora de impostos, de impostos altíssimos, deveriam me outorgar os mesmos direitos, a mesma busca pela felicidade, a qual tem direito qualquer cidadão."

Mãe: "É ilógico que dois homens ou duas mulheres que vivem uma união baseada no conceito de casamento não possam gozar dos benefícios do mesmo com seus parceiros."

É importante entender que a comunidade homossexual não está exigindo direitos especiais, ou pedindo uma concessão social extra; apenas exige igualdade de direitos e oportunidades.

Joaquim: "Muitos policiais aproveitam de sua autoridade para extorquir homossexuais, já que consideram como um fato que ser homossexual é errado."

América: "Tive uma experiência horrível que me fez perceber que estou em desvantagem em relação ao resto do mundo. Por azar, conheci uma mulher que, algum tempo depois, tornou-se minha companheira. Ao cabo de alguns meses, nosso relacionamento começou a ir mal. Eu decidi que não queria continuar, mas ela se recusou terminantemente e me ameaçou dizendo que nunca iria me livrar dela, e que nem iria enganá-la. Então, começou a me insultar e seguir por toda parte; me perseguia, ligava para o meu trabalho, ficava me esperando na rua, fazia cenas e gritava nos lugares públicos onde me encontrasse. Eu vivia com um medo terrível. Essa mulher estava louca, até chegou a bater em mim algumas vezes. Parecia cena de um filme de marido psicótico que não deixa a mulher em paz, com a diferença de que eu não tinha a quem recorrer, pois na minha casa ninguém sabe que sou gay. Então, em uma das muitas ocasiões em que ela, literalmente, me agarrou na rua, chamei um policial para me ajudar. Ele veio correndo, mas quando viu que eram duas mulheres, começou a rir e assistir ao que estava acontecendo. Ela me bateu e o policial ainda disse: 'É isso que dá ser lésbica', e foi embora. Foi a primeira vez em que pensei se a história seria a mesma se quem me perseguisse fosse um homem."

Sérgio: "Como homossexual, muitas vezes você sofre injustiças sociais porque, embora não seja proibido, também não 'é totalmente permitido'. Por exemplo, sair nas ruas de mãos dadas sem nenhum risco; ir a um baile de formatura ou festa de fim de ano com meu namorado, sem que isto seja um problema para os outros; participar de uma competição de patinação no gelo com meu parceiro, que também é patinador, e não com uma mulher 'para que pareça mais decente'; direito a não ser submetido a interrogatórios porque sou homossexual, como colocar em dúvida minha capacidade profissional, minha paternidade, minha amizade."

Amigo: "Meu melhor amigo é homossexual, nos conhecemos na faculdade. Ele arrumou um parceiro quase na mesma época que eu arrumei uma namorada, então, nós quatro começamos a sair juntos. Certa ocasião, quando nós quatro estávamos comemorando um aniversário, Susana e eu saímos de mãos dadas trocando beijinhos carinhosos, enquanto Jorge e Eduardo mantinham uma distância considerável entre eles. Lamentei muito. Essa foi a primeira vez que reparei como a sociedade é injusta e o pouco que sabem sobre o amor."

Fausto: "Há muitas coisas às quais os heterossexuais não dão a importância devida. Por exemplo, a maioria gosta de pôr uma foto da pessoa amada no lugar de trabalho. Podem telefonar dizendo: 'meu amor, estou indo', podem dançar à vontade na festa de reveillon, na formatura, em casamentos. Podem sair de férias e pedir um quarto com cama de casal sem nenhum problema, e está tudo bem. Mas se você é homossexual, isso se transforma num problema que tem de enfrentar diariamente."

Isto é o que Brian McNaught chama de privilégios heterossexuais. Este tipo de coisas do cotidiano são um conflito habitual para os gays: "Tenho 47 anos e meu parceiro, 44. Quando vamos para um hotel, como faço para pedir uma cama de casal? Fomos a hotéis que se negam a oferecer esse serviço."[2]

A seguir apresento um resumo do artigo "Quais são os privilégios heterossexuais", do PFLAG:

Os privilégios heterossexuais

Viver sem ter que pensar duas vezes, encarar, confrontar ou lidar com nenhuma das coisas que aparecem a seguir:

- Casar-se, o que inclui os seguintes benefícios: reconhecimento e apoio público para uma relação íntima, receber cartões, telefonemas, festejar aniversários em companhias de outros, gozar de atividades que apoiam as pessoas quando chegam a uma idade avançada e obter estabilidade para os casais que permanecem juntos;
- Ter sempre a custódia de uma filha ou filho;
- Receber indenização quando seu parceiro morre;
- Contar com o amparo de leis que o/a protegem em caso de morte ou separação;
- Dividir apólices e seguro médico em plano familiar com tarifas reduzidas;
- Ter acesso imediato às pessoas queridas em caso de acidente (se um homossexual sofre um acidente, vê-se em situação embaraçosa ao pedir que chamem seu parceiro antes de sua família, já que supostamente é considerado solteiro);
- Contar com o apoio da família de origem para um compromisso conjulgal;
- Que não se questione sua normalidade, nem sexual nem culturalmente;
- Ter modelos de seu mesmo sexo e orientação sexual;
- Aprender sobre as relações de casal e amor em filmes, rádio, televisão e livros;
- Obter uma imagem positiva perante as pessoas com quem você pode se identificar;

- Obter o reconhecimento da cultura em que vive;
- Viver abertamente como casal;
- Falar sobre seus planos e do seu parceiro com respeito à relação, seus projetos, férias e família;
- Expressar dor quando uma relação termina por rompimento ou morte, e contar com a compreensão das outras pessoas;
- Ter a aceitação de vizinhos, colegas e amigos;
- Não ter de se esconder ou mentir sobre assistir atividades sociais organizadas somente para gente heterossexual (que são a maioria);
- Convidar para sair a pessoa que desejar, mesmo sendo menor de idade;
- Trabalhar sem medo de ser identificado e perseguido por sua orientação sexual;
- Conseguir aceitação institucional, como no caso das oportunidades de trabalho: receber promoções, incrementar as possibilidades de conseguir trabalho;
- Receber legitimação e bênção da sua comunidade religiosa: a possibilidade de pertencer ao clero;
- Ser contratado como professor(a), desde a pré-escola até a universidade, sem temer que um dia possa ser demitido(a) pela idéia de que pode corromper os(as) alunos(as);
- Adotar crianças;
- Criar seus próprios filhos, sem a intervenção do Estado. Seus filhos não vão se preocupar que outros amigos os rejeitem devido à orientação sexual e cultura de seus pais;
- Ter o direito de servir o exército.

Todas essas injustiças sociais são invisíveis para muitos; nós, seres humanos, não enxergamos tudo o que devemos, e ainda assim, quem sabe...

Uma simples comparação sobre o quanto esse é um problema social é o fato de que as pessoas canhotas são completamente saudáveis, com a única diferença de que é o lado esquerdo que predomina em sua motricidade. Pois bem, na maior parte das escolas não há carteiras para canhotos, ou há poucas, e os carros têm o câmbio e o acelerador do lado direito, não é em todo lugar que vendem tesouras para canhotos, as maçanetas das portas são feitas para destros. Esses são pequenos detalhes da vida sobre os quais muitos – em especial os destros – não estão conscientes. É assim com os homossexuais, não há consciência de que eles existem e têm suas necessidades, como todos os heterossexuais. Defender os direitos homossexuais é defender os direitos humanos. Em uma entrevista perguntaram a John Preston: "Por que trabalha tanto na liberação gay?" e ele respondeu: "Porque assim teremos mais homens e mulheres saudáveis para amar."

Várias companhias importantes em diferentes países do mundo têm uma atitude mais realista: os gays estão trabalhando em todos os setores. Em cada empresa há uma percentagem significativa de homossexuais e bissexuais. A energia que investem para manter-se dentro do armário no escritório e em contar mentiras acerca de sua vida privada, o desgaste emocional, o rancor, tudo isso faz com que sua produtividade caia. Por isso, começaram a promover uma campanha a favor dos direitos humanos e da expressão da orientação sexual das pessoas. Passar a reconhecer os casais lhes outorga os mesmos benefícios que aos heterossexuais.

Atualmente, as coisas estão mudando: da mesma maneira que já se reconhece o direito de uma mulher ser mãe solteira, os direitos de igualdade das diferentes cores de pele, de sexos ou religiões, os direitos pela orientação sexual também estão ganhando seu espaço. No México, desde julho de 1998, contamos com uma *Cartilha dos direitos humanos contra a discriminação pela orientação sexual*, na qual se diz: "Ser gay, lésbica, bissexual, transexual ou transgênero não constitui delito algum. Os gays, as lésbicas, os bissexuais, os transexuais e os transgêneros sempre foram discriminados e marginalizados dos mesmos direitos que qualquer pessoa tem."

(Se você deseja conhecer mais sobre a *Cartilha*, consulte o Anexo 1.)

É fundamental que, na qualidade de pai ou mãe de um homossexual ou lésbica, você conheça estes direitos, e informe seu filho ou filha a fim de ajudá-lo(a) a se proteger. Recomendo também o livro *Memória do Primeiro Fórum da Diversidade Sexual e Direitos Humanos*, compilado pelo deputado David Sánchez Camacho, Nueva Generación Editores.

As coisas estão melhores a cada dia. Estamos aprendendo aos poucos a conviver e compartilhar as diferenças. Porém ainda falta muito. É provável que algum dia possamos ver tanto casais heterossexuais como homossexuais na pista de patinação no gelo, assim como nas ruas e em todos os lugares públicos.

Por que eu me incomodo com a sua sexualidade?

Esse desconforto é produto da nossa cultura. Viemos de uma sociedade heterossexual, que pressupõe que todos seus integrantes são heterossexuais ou, pelo menos, deveriam ser. Isso significa que os casais homossexuais passam, muitas vezes, despercebidos, dando a sensação de que não existem. Poucas vezes são vistos nos meios de comunicação ou nas ruas como parte da vida cotidiana. As pessoas precisam de tempo para assimilar e acostumar-se que este tipo de amor também existe e que está certo. Dá trabalho deixar de lado as idéias, crenças, medos, mitos e preconceitos acumulados durante séculos. Ninguém nos prepara para a possibilidade de lidar com alguém próximo e querido que seja gay ou lésbica. Falta uma educação baseada na diversidade e opções e realidades não cimentadas em utopias. A negação trouxe como conseqüência o fato de que não estamos acostumados a ver ou ouvir sobre casais de gays ou lésbicas de maneira comum e corriqueira.

Avançamos, é verdade, pois cada vez sabemos mais sobre o assunto, porém ainda é pouco.

Por outro lado, esta mesma cultura nos ensinou que a homossexualidade é vergonhosa. Muitas famílias e amigos relataram como vivem a vergonha e o medo de serem associados ao gay que têm por perto; não querem falar a respeito e sentem raiva quando esse membro da família expressa que é homossexual ou lésbica, como se fosse algo que a desonrasse. Este tipo de sentimentos e atitudes têm uma razão de ser. A grande ignorância que se tem sobre o tema gera o que se conhece por homofobia. A homofobia é um sentimento de medo e raiva em relação à homossexualidade e aos homossexuais e lésbicas, e se manifesta no dia-a-dia com piadas degradantes, comentários ofensivos e zombarias. Desde bem pequenos, dizem-nos, de maneiras diferentes, que ser gay é o pior que pode nos acontecer, que é algo não recomendável. Porém, não se leva em consideração que a pessoa não tem a possibilidade de decidir se quer ser homossexual ou não, simplesmente é. E isto não está dissociado de que possa ser uma pessoa digna, trabalhadora, estável, produtiva e criativa. É muito comum que, como parte de uma cultura heterossexual e homofóbica, os pais partilhem dos mesmos preconceitos e discriminações que imperam em seu grupo social para com os homossexuais, antes de saber que sua(seu) filha(o) também é.

*Brian McNaught mostra em seu vídeo *Homofobia in the workplace* (Homofobia no local de trabalho) de 1993, que, em uma ocasião, prenderam alguns rapazes por maltratar e assassinar um jovem homossexual. Quando entrevistados, uma das perguntas foi: "Por que fizeram isso?", ao que um deles respondeu: "Porque ninguém me disse que era errado ofendê-lo e odiá-lo por ser gay."

Dizem que não devemos discriminar ninguém por raça, sexo, gênero etc., porém não se fala isso em relação aos gays. É comum escutar pais e mães fazendo comentários como: "Que nojo! Tomara que todos esses bichas morram!"

Muitos indivíduos que foram homofóbicos em algum momento de suas vidas e descobrem hoje que um de seus entes queridos é gay, sentem-se culpados e vulneráveis.

Mãe: "Lembro-me que, antes de saber que minha filha é lésbica, um dia fomos ao cinema ver um filme que tinha uma cena de dois homossexuais. Rapidamente fiz comentários horríveis sobre eles, como: 'Dá nojo, é antinatural, não dá para acreditar que um homem ame outro, é repugnante'. Tenho certeza de que ela pensou: 'Meu Deus! Como vou contar à minha mãe, se ela pensa assim?'"

Pai: "Uma vez fui ao teatro com toda a família e na peça apareciam dois homossexuais, lembro que debochei muito deles. Hoje não acho nada engraçado."

Pai: "Sempre odiei homossexuais, nunca quis ficar perto de nenhum, os perseguia e perturbava, inclusive quando era jovem. Até cheguei a machucar algum. Hoje sinto culpa por isso."

Mãe: "Agora, quando escuto alguém falar mal dos homossexuais, sinto medo e tenho vontade de me esconder."

Mãe: "Não quero me lembrar de todas as coisas que falei com as vizinhas quando descobri que o filho de uma delas é gay. Agora que sei que o meu também é, tudo mudou."

Mãe: "Descobri minha homofobia quando meu filho me contou que é gay."

Também acontece que muitos pais imaginam-se como muito liberais porque acreditam que deixaram para trás os preconceitos sexuais. Têm amigos homossexuais e convivem diariamente com eles, mas reconhecem que se sentem incomodados e confusos que suas(seus) filhas(os) sejam homossexuais.

Esses pais não apenas tiveram que lutar contra seus medos em relação à homossexualidade, como também acham que não deveriam se sentir assim.

A homossexualidade é olhada de forma diferente quando alguém que amamos é gay. Deixa de ser um estilo de vida distante do nosso em, quem sabe, que lugar e com que tipo de gente, e logo vira parte de nossa vida diária.

Mãe: "Agora quando escuto brincadeiras sobre este assunto sinto raiva. Eles nem conhecem meu filho."

Pai: "Agora me sinto mal quando escuto gente falando palavras como bicha, puto, mulher-macho e outras pejorativas assim."

Mãe: "No meu trabalho há muitos homossexuais e nunca senti que tivesse um problema com isso, até que descobri que meu filho também era. Não sei por que, mas foi diferente. Demorei em reconhecer que estava magoada e que também o magoei."

Mãe: "Tenho vários amigos homossexuais, mas não vários filhos. Quando descobri que um deles é, não soube o que fazer. Senti-me muito mal com a notícia e, pior ainda, pela a minha incapacidade de vivenciar o fato como faço com meus amigos."

Nestes casos, concentrar-se nas preocupações reais ajuda, como entender que sua(seu) filha(o) precisa de você neste momento. Tente não focar na culpa, ela não vai servir para nada nem para você nem para sua(seu) filha(o). Não leve tão a sério. Durante o processo de compreensão, comunicação e aceitação, talvez você possa ir dimensionando algumas situações, crenças e pensamentos que tinha anteriormente, e compartilhá-los com outras pessoas.

Para que criam seus próprios grupos?

Os homossexuais chegam a sentir-se sós e isolados. Lembre-se de que, na maioria das vezes, eles não provêm nem de famílias, nem de comunidades gays, com diferença de outras minorias que estão com "os seus".

Então, é lógico que surjam sentimentos de solidão, de inadequação e de busca. Freqüentemente, os homossexuais não têm com quem falar e compartilhar seus sentimentos, já que sempre existe o risco de que a outra pessoa o interprete mal ou não o entenda. Se um negro é agredido, volta para sua casa com seus pais negros que vão protegê-lo, entendê-lo e aceitá-lo. "Não importa que você tenha sido desprezado, aqui você será sempre aceito, está com os seus." Porém, um garoto gay não tem essas concessões, tem que se arranjar sozinho. Não conta com "os seus". Muitas vezes, tem que sair em busca de outra família. Em outros casos, o caminho pode ser buscar a aceitação e a compreensão dentro de seu mesmo círculo social, ainda que muitas vezes não chegam a ter a sensação de pertinência e identificação total com suas famílias de origem.

Bom, se além de ser gay a pessoa pertence à outra minoria, estes sentimentos podem aumentar. Dado que os homossexuais provêm de todo tipo de famílias e comunidades, as comunidades gays são formadas dentro das próprias comunidades. Os gays procuram um lugar onde não se sintam sozinhos e possam partilhar seus sentimentos livremente, fazer amigos(as) afins e talvez encontrar alguém...

O fato de formarem comunidades homossexuais pode ser entendido como uma maneira de se por à margem. Isto é relativo, já que nós, seres humanos, somos, em primeiro lugar, pouco resistentes a aceitar as diferenças e, em segundo lugar, procuramos as pessoas com as quais nos identificamos. Pertencer a uma comunidade gera força e apoio, ainda que, finalmente, isso não signifique que não se possa relacionar com os outros.

Joana: "Há uma infinidade de mitos e medos acerca de ser gay, mas eu posso afirmar que a felicidade chega quando você se dá a chance de viver sua própria verdade, que pode ser parecida com a de muitos e distante da de outros, mas não importa, é sua. Ser gay, meio gay, bissexual, e etc., não necessariamente distancia você das pessoas que ama. A maioria dos meus amigos mais próximos é heterossexual, alguns sabem que eu sou gay e outros nem imaginam, mas estamos aí, juntos até o dia de hoje. No grupo gay encontrei o espaço e as pessoas com as quais posso me sentir livre e compreendida. Isso foi muito importante para mim, e acho que para muitos também. Não estou sozinha e isso me deixa imensamente feliz."

Alexandre: "Muitas vezes, sinto que os meus amigos heterossexuais, apesar de serem judeus como eu, não entendem meu lado gay. Tampouco sinto-me compreendido por meus amigos homossexuais. Por isso, este grupo que tem gente judia e gay tem sido maravilhoso para mim."

Fernando: "Sou uma pessoa religiosa, e não tenho culpa de me sentir atraído por pessoas do mesmo sexo. Sinto também que isso não diminuiu minha fé em Deus. Ser homossexual não é algo que vá mudar em mim, então, procurei uma igreja que me aceita como sou e que me permite continuar com minhas crenças."

Alberto: "Sou um homem muito másculo, gosto de jaquetas de couro, jeans, botas, motos. Alguns dizem que chego a ser rude e gosto de ser assim. No entanto, gosto de homens, por isso me associei a um clube onde posso ser o que sou, com outros iguais a mim."

Maurício: "Eu fui muito apoiado pelo grupo a que pertenço. Quando descobri que sou homossexual, não sabia o que fazer, tinha medo e estava ficando louco pois achava que isso só acontecia com os outros. Quando conheci garotos da minha comunidade que são gays e se sentem bem com isso, foi um alívio."

Artur: "Não há maneira melhor de encontrar amigos parecidos com você."

Nem todas os homossexuais se filiam a uma comunidade ou grupo homossexual. A comunidade lésbica, gay e bissexual não é um grupo de auto-ajuda. É preciso ressaltar que as pessoas que se reúnem em uma comunidade partilham as mesmas características para conviver. Sua finalidade é muito diferente das organizações que prestam um serviço de apoio e ajuda a seus membros, como é o caso dos Alcoólicos Anônimos, de certos grupos religiosos, apoio a soropositivos, Neuróticos Anônimos, bem como outros serviços de informação e orientação.

Espero ter esclarecido algumas de suas dúvidas. Conhecer mais sobre um assunto nos dá a oportunidade de trabalhar com conceitos mais reais e próximos da verdade. Não se desespere se não consegue entender, isso requer tempo. Trate de aprender mais. Isto o ajudará a sentir-se melhor em relação a sua filha ou filho.

5
Preocupações e medos dos pais

*As pessoas não escolhem
ser heterossexuais,
bissexuais, homossexuais.
Ignorar não faz desaparecer.*

Para os pais e mães de família, os medos e as preocupações nunca terminam, o que demonstra o profundo amor que sentem. Cada filho é uma dor de cabeça. Quando não é um problema, é outro, e o pior é que, conforme crescem, as preocupações aumentam.

Como mencionei no primeiro capítulo, os pais muitas vezes sentem-se responsáveis pelo que seus filhos fazem ou deixam de fazer, o que não resolve nada. Em vez de criar histórias acerca do destino de seu filho e passar filmes de terror com todos os infortúnios com que poderá deparar-se, atreva-se a conhecê-lo(a) e acompanhá-lo em sua vida, assim do jeito que a está vivendo, aceitando que é outra pessoa e que tem gostos próprios.

Querer evitar um mau passo é muito natural. Não gostamos de ver sofrer as pessoas que amamos. No entanto, tropeçar faz parte da vida, ajuda-nos a vencer desafios e a aprender. Não é se preocupando que você vai evitar os maus pedaços pelos quais todos nós tivemos de passar, independentemente de nossa orientação sexual.

Se ter filhos envolve preocupações, ter um filho gay ou uma filha lésbica pode nos fazer pensar que existem mais razões para abrigar dúvidas e medos. Isto não é difícil em uma sociedade que quase nunca fala do assunto, a não ser para julgar e dizer coisas pouco agradáveis. Felizmente, cada vez há mais conhecimento e informação, porém, em poucas palavras, onde um pai e uma mãe aprendem a lidar com a orientação sexual de seus filhos? Diariamente, as pessoas conversam sobre as experiências pelas quais passaram na maravilhosa aventura de ter filhos(as). O ambiente se enche de diversos conselhos de todos aqueles que desejem opinar: familiares, amigos, professores, vizinhos. Em um determinado momento, isto pode servir como um guia que vai nos ensinando como agir em todos os tipos de situação. Mas quem é que fala sobre ter um filho ou uma filha homossexual e do que fez a esse respeito? Infelizmente, não muitos, talvez por isso você se sinta só e pergunte a si mesmo: "E agora como vou dirigir isto, tanto comigo como com meu(minha) filho(a)?"

Num país machista como o nosso, muitos pais, quando sabem que há um homossexual na família, fazem o possível para que ninguém descubra, encaram-no como um segredo que precisa ser guardado e, portanto, não compartilham sua experiência com ninguém, o que é lamentável. É estimado que dez a quinze por cento da população é homossexual (homens e mulheres, sem levar em conta as variações). Isso mostra o grande número de famílias que têm um ente querido que é homossexual. Nós temos repetido esta conduta ao longo da história. Referimo-nos a casos como o de ter um filho canhoto, que era considerado algo ruim. Eram, inclusive, maltratados para que perdessem este "defeito". Hoje parece incrível que isso tenha acontecido. Cada vez é maior o número de pessoas que entendem que ser diferente não é vergonha, é apenas uma característica. Se pretendemos que as pessoas que nos rodeiam pensem, sintam e façam o mesmo que nós para que possamos nos comunicar, o mais conveniente é ficarmos sozinhos, já que são justamente estas diferenças que nos fazem aprender com os outros. Se fôssemos todos iguais, não teríamos do que falar e este livro não teria razão de existir.

Por isso é muito importante conhecer e dissipar as dúvidas. Assim poderemos entender muitas coisas. A seguir apresento algumas das preocupações, medos e dúvidas mais comuns dos pais de uma lésbica ou gay, que reuni em minhas experiências como profissional de campo. Espero que sirvam como um guia para suas próprias experiências.

Meu filho poderá ser feliz?

A resposta é: não se sabe. Se bem que é verdade que uma vida gay, lésbica ou bissexual pode ser mais complexa do que a heterossexual (pelos fatores já mencionados), também é verdade que ser feliz é um estado interno e as pessoas não são felizes enquanto não decidem ser.

Um menino pode ser incomodado por ser "o gordinho", "o moreno", "o briguento", "o esperto", "o bobo" ou simplesmente porque não agrada aos demais. O mesmo acontece com os adultos. Apesar desses infortúnios, as pessoas buscam suas formas de vida. Há pouco tempo, eu comentava com uma amiga do tempo de primário que a garota mais popular da escola está hoje divorciada, procurando emprego, tem três filhos e não é muito feliz. A garota menos popular ocupa um bom cargo em uma empresa de prestígio e está casada com uma pessoa com quem se dá muito bem. Quem diria!

A felicidade não está ligada a orientação sexual. Muitos gays, homens e mulheres, têm uma vida produtiva, um parceiro estável, família, amigos, e até, talvez, uma comunidade na qual convivem em harmonia com pessoas afins.

> Pai: "Eu achava que ser homossexual era o pior, que minha filha ia ser infeliz para sempre, mas estava enganado. Depois que me dei a chance de me aproximar dela, vi que, de fato, estava feliz. É uma mulher empreendedora, tem uma companheira há doze anos e uma bonita casa. Acho que hoje eu a admiro. Ela conseguiu mais coisas na vida do que eu."

> Mãe: "Demorei em perceber que ser homossexual não significa precisar de ajuda. Eu estava tão preocupada com a felicidade do Mar-

tim, meu filho gay, que não me dei conta de que meu filho Carlos era o que mais precisava de mim."

Mãe: "Uma vez que aceitei que Dan é gay, comecei a temer o pior, não por ele, mas por causa do meio circundante. Temia que ele tivesse alguma experiência que o machucasse física ou emocionalmente. Seu bem estar era o que mais me preocupava. Depois entendi que ele passaria por maus pedaços, como todo mundo, e que eu não poderia evitá-los, nem para ele, nem para nenhum de meus filhos. Agora sei que o que tenho que a fazer é apoiá-lo tanto nos bons, quanto nos maus momentos."

A felicidade não é algo constante: temos momentos felizes, tristes, de irritação, medo, que não podem ser evitados, já que fazem parte da vida.

Sua(seu) filha(o) homossexual não precisa de mais atenção do que o resto de seus filhos só por ser gay. Você o ajudará mais se dispensar a mesma atenção a todos os seus filhos, sem fazer diferença.

Não faça da homossexualidade um fato demasiadamente importante. Sua(seu) filha(o) pode ter muitos outros problemas que não estão relacionados a isso.

Ser heterossexual não é garantia de felicidade, assim como ser homossexual não é símbolo de sofrimento. Há tantas pessoas heterossexuais imensamente infelizes, e outras tantas verdadeiramente felizes. O mesmo acontece com os homossexuais.

Há muito que se aprender sobre como os homens e as mulheres homossexuais encontram seu caminho em nossa sociedade, sobre suas necessidades e sonhos.

Você pode começar descobrindo o que significa ser gay para seu(sua) filho(a), e o quanto ela(e) precisa de você neste momento. Não tente adivinhar nem predizer sua vida.

Pergunte. Tenha cuidado para não ser você a pessoa que cria obstáculos para a felicidade de sua(seu) filha(o).

Mãe: "Quando minha filha se abriu conosco e se sentiu aceita, desabrochou como uma flor, deixou de comportar-se como uma adolescente e encontrou seu caminho."

O amor não consiste em que as pessoas sejam como nós queremos, mas sim em gostar dos outros do jeito que são.

Pode chegar a sofrer maus tratos socialmente, ser agredido física ou emocionalmente?

Infelizmente sim, porque vivemos numa sociedade que teme o que não conhece e, portanto, agride. Os gays tiveram que passar por experiências desagradáveis, desde comentários, piadas, rótulos, até agressões físicas em algumas ocasiões. Agora veja, também é verdade que as atitudes em relação aos gays, lésbicas e bissexuais estão melhorando. Cada vez há menos ignorância a respeito. Porém, as mudanças sociais são lentas. É só lembrar quanto tempo demorou-se a aceitar que as mulheres votassem.

O fato de que ela(e) seja incomodada ou não depende de como sua(seu) filha(o) decida se portar e do ambiente que a (o) rodeie. As pessoas vão encontrando maneiras de se movimentar socialmente, com a intenção de serem aceitas, então não veja sua(seu) filha(o) como uma pessoa fraca e incapacitada. Aproxime-se do ser humano que é e conheça suas experiências e medos. Receber apoio em casa aumentará, e muito, sua auto-estima e conseguirá assim que as decisões que for tomando em sua vida sejam melhores.

Atualmente, existem vários grupos que trabalham pelos direitos humanos de todos, que promovem o respeito à individualidade de cada um. No México há a *Cartilha dos direitos humanos contra a discriminação pela orientação sexual* (Anexo 1), documentação esta que pode oferecer dados úteis sobre o assunto e servir de guia para o comportamento no Brasil. Você, com sua atitude, pode ser um exemplo para os outros. Comece respeitando seus próprios filhos.

Pai: "Quando soube que um de meus filhos é homossexual, foi o que havia de pior, pois odiava todas as bichas. Inclusive num festival, vi dois de mãos dadas, que ataquei e xinguei. Fazia assim também com todas as pessoas que não fossem como eu. Esta notícia me fez mudar completamente. Comecei a temer que outro idiota como eu fizesse a mesma coisa com meu filho."

Existem leis que possam afetar meu(minha) filho(a)?

Existem algumas leis que regulam e condenam comportamentos sexuais, sejam homo ou heterossexuais, como é o caso de: tocar ou exibir certas partes do corpo em lugares públicos, mesmo que na prática isso não seja sempre seguido à risca.

Algumas autoridades se empenham mais em conter casais homossexuais do que heterossexuais que são encontrados demonstrando seu afeto (dentro do carro, por exemplo). Daí a importância de que tanto você quanto seu(sua) filho(a) conheçam as obrigações e direitos civis, para evitar o abuso de autoridade.

É bom lembrar que absolutamente nenhuma lei brasileira proíbe a homossexualidade, seja em que instância for. Também que a Constituição do Brasil penaliza qualquer tipo de discriminação por sexo, raça, cor ou distinção social, podendo-se estender o princípio da lei aos homossexuais.

Vários municípios e estados brasileiros estão aprovando leis que punem a discriminação contra homossexuais em lugares públicos ou comerciais. Ser despedido de uma empresa no estado de São Paulo porque alguém descobriu a homossexualidade da pessoa é passível de multa e punição.

Que tipo de vida social o espera?

O tipo de vida social é algo que cada pessoa escolhe. Não existe, propriamente, um tipo de vida gay. Claro que existe um ambiente gay, mas dentro dele há muitos estilos de vida. Não podemos comparar a vida de um político com a de um garçom, a de um artista com a de um professor ou engenheiro, uma pessoa de classe alta com uma de classe baixa. O estilo de vida independe da orientação sexual. Existem homossexuais em todas as partes, com todos os tipos de vida possíveis. Entretanto, ainda persistem muitos estereótipos de como é a vida homossexual. Por essa razão, esclareça suas dúvidas conhecendo as amizades de seu(sua) filho(a) da mesma forma que faria com seus filhos heterossexuais, com a finalidade de conhecer que tipo de pessoas são, seja qual for sua orientação sexual.

Mãe: "Achava que meu filho era o único bom rapaz entre os homossexuais, até que conheci seus amigos e percebi que estava em boas mãos."

Mãe: "Quando conheci os amigos do meu filho, descobri que a maioria deles era atraente, inteligente e simpática. Até esqueci que eram homossexuais."

Mãe: "Há pouco tempo, iniciei uma nova amizade, que convidou a mim e a meu filho para passar o Natal em sua casa. Eu comentei que Hugo é homossexual e que talvez levasse seu namorado. Quando chegamos em sua casa, sorriu e disse: 'Você é o primeiro rapaz homossexual que conheço, ao menos o único que tenho certeza que é, e você não é o que eu imaginava, pois falam tantas coisas'"

Se o rapaz ou a garota continua vivendo em casa e os pais acreditam que a homossexualidade é um problema a ser resolvido, podem começar a negar-lhe a permissão para sair com "as más companhias", a restringir os telefonemas, envenená-lo com perguntas inquisitivas como: "Onde você foi, com quem?", mas não com o propósito de estabelecer um diálogo ou de saber como agir, e sim para repreender, criando uma atmosfera de desconforto ao seu redor. É importante lembrar que a orientação sexual não se adquire, não se pega nem se aprende. A maioria dos gays vem de famílias heterossexuais que não queriam ter filhos homossexuais. Então, onde se aprende? Não deixar que sua(seu) filha(o) se socialize não acabará com a homossexualidade, porém criará muito ressentimento entre vocês. Os garotos e garotas, sobretudo na adolescência, precisam conversar, compartilhar, divertir-se, sair, como todos os jovens. Não quero dizer com isso que em um lar não deva haver regras, porém estas regras não devem se basear na sua orientação sexual. Escolha regras justas e igualitárias para todos seus(suas) filhos(as), e lembre-se que cada pessoa é diferente.

Poderá chegar a ter uma experiência sexual negativa?

Cada encontro sexual é único em si mesmo, ainda que seja com a mesma pessoa. Você não poderá evitar a possibilidade de que um(a) filho(a) seu(sua) – não importa sua orientação sexual – tenha encontros sexuais agradáveis ou desagradáveis, pois isto vai depender da situação ou do tipo de relação que se estabeleça, não do gênero ou sexo dos participantes. Uma pessoa não corre mais riscos por ser homossexual, ainda que essa tenda a ser a crença. Mas a homossexualidade é menos conhecida e os pais têm medo do que possa acontecer, desconfiam das experiências que seu filho ou filha possam chegar a ter.

Os bares, pontos de encontro ou restaurantes freqüentados por lésbicas e gays são iguais aos dos heterossexuais, com a única diferença que as pessoas procuram gente do mesmo sexo para se relacionar, o que não os torna mais arriscados. Curiosamente, agora existe mais segurança em alguns eventos gays do que em lugares heterossexuais. Por exemplo, com respeito ao contágio do vírus hiv, a comunidade homossexual tomou mais consciência deste perigo do que a heterossexual.

Como já foi mencionado, a maioria dos abusos e estupros são cometidos de forma heterossexual, o que não quer dizer que seu filho(a) corra menos riscos.

Por isso, é essencial conversar com os filhos de todas as preferências sexuais e ensiná-los a se defender e dizer não frente a qualquer imposição ou proposta que lhes seja ameaçadora, desagradável ou faça-os sentirem-se mal.

Poderá encontrar um bom par?

A preocupação pelo par de seus filhos é um ponto essencial para muitos pais e mães, tanto de heterossexuais quanto de homossexuais.

No ambiente gay, as relações de casal são menos estruturadas do que no heterossexual. Encontrar um "bom par" é algo muito relativo, já que talvez o que você considere um "bom par" não seja o mesmo que sua filha ou seu filho entenda como tal, não importando se é homossexual, bissexual ou heterossexual. Então, resta somente confiar em seus critérios e não tentar impor ninguém, a menos que sua opinião seja pedida explicitamente. Mesmo em caso de rompimento com a pessoa que escolheu como companheiro(a), pense que viemos a este mundo para aprender, e como saber se algo funciona ou não? Tentando, é claro, já que todos temos o direito de aprender e escolher.

Os casais heterossexuais brigam com freqüência, separam-se, divorciam-se ou permanecem juntos e se dão bem durante a vida toda. O mesmo ocorre com os homossexuais.

Os pais que se aproximaram de seu filho(a) e de seu parceiro(a) terminam percebendo que as necessidades são muito similares: companhia, amor, ternura, sexo, compreensão, apoio. Elas podem ser satisfeitas tanto por um homem, quanto por uma mulher.

Filho: "É verdade que é mais fácil um casal homossexual se separar, pois existe pouco contexto social, o compromisso não é público (na maioria das vezes), é provável que não haja filhos no meio. Tudo é menos complicado no sentido técnico, e acho que isso é melhor. Há muitos casais heterossexuais que continuam juntos por essas mesmas razões, ainda que entre eles não haja afeição, nem respeito, nem desejo, nem nada. Estão apenas perdendo tempo juntos, em vez de procurar alguém que os faça realmente felizes. Um bom casamento vai além do contexto social e dos filhos."

Pai: "Tenho duas filhas, uma heterossexual e outra homossexual. Eu estava preocupado com a que é lésbica e a vida me preparou uma surpresa. Minha filha heterossexual se divorciou após oito anos de casada e a outra está com sua companheira há dezesseis anos."

Boy George: "As pessoas acham que os heterossexuais fazem amor, enquanto que os homossexuais fazem sexo. Quero dizer que eles estão enganados." Em *Sexo, risos e habilidade*, de James Wolfe.

Ficará sozinho na velhice?

Talvez, porém lembre-se de que isto acontece freqüentemente com todas as pessoas. Maridos e esposas morrem, casamentos se dissolvem, filhos vão morar longe. Muitíssima gente teve que ir se adaptando à solidão na velhice.

Um grande número de lésbicas e gays desenvolvem relações duradouras que mantêm por toda vida. Em certos casos, a comunidade homossexual oferece apoio a seus membros, pois é como uma espécie de família. Inclusive, em algumas partes do mundo, existem organizações para homossexuais de idade avançada, apesar de que no Brasil ainda não se conheça nenhuma.

Poderá ter uma família própria?

Esta é uma pergunta complexa. Para começar, o conceito tradicional de família está baseado em uma construção heterossexual, na qual se requer duas pessoas de sexos diferentes, que possam ter um ou mais filhos. A realidade nos oferece muitos tipos de famílias: aquelas com um pai e uma mãe, com apenas um pai ou uma mãe, com um pai e uma mãe que não vivem juntos, com a mãe e a avó ou a tia, irmãos e irmãs cujos pais faleceram e continuam levando uma vida familiar, e outras tantas combinações mais.

Estas diferenças não são difíceis de entender para as crianças, porém o são para os adultos. Os pequenos têm necessidades básicas: atenção, comida, carinho, proteção, as mesmas que um adulto de qualquer sexo pode preencher. Foram feitas pesquisas com crianças que cresceram com apenas um de seus progenitores, em contraposição com outros que tinham ambos, e a conclusão foi que é mais saudável ter apenas um adulto que os ame e cuide do que ter dois que brigam constantemente e não têm tempo para lhe dar atenção. Por isso mesmo, dois adultos, sem importar o sexo, que têm uma boa relação entre eles e disposição para cuidar de crianças, podem criar filhos saudáveis. Em países como a Dinamarca, onde se aceita o casamento homossexual, explica-se às crianças na escola que existem diferentes tipos de famílias, inclusive aquelas que têm dois pais ou duas mães, e as pessoas não vivem isso como um problema, senão como uma opção.

Muitos homossexuais desejam ter filhos, alguns os têm e outros não querem se arriscar a viver as complicações sociais que isso acarreta. As opções mais comuns para ter filhos como casal ou indivíduo homossexual são as seguintes:

Para os homens é mais complexo do que para as mulheres. Alguns decidem adotar um(a) filho(a); outros têm filhos(as) de um casamento heterossexual concebidos antes da sua situação atual; outros pagam uma mulher ainda durante a gravidez para lhes dar o filho com um acordo preestabelecido de quem serão os pais; outros pedem a uma pessoa conhecida que faça o favor de gerar o bebê por inseminação *in vitro* (fora da matriz) e, por último, outra opção é dividir a paternidade com uma mulher (lésbica ou não), que sabe previamente que ele é homossexual e que sua intenção é viver com seu parceiro e nada mais, então compartilham um filho como se fossem pais divorciados que se dão muito bem.

Para as lésbicas há mais opções: existe a adoção, a inseminação artificial, a procura de um doador de esperma, dividir a maternidade com um homem, num acordo que assegure que cada um pode viver com seu parceiro, engravidar e não informar ao pai, ter filhos de um casamento heterossexual e criá-los com a companheira homossexual.

Quando duas pessoas do mesmo sexo vivem como casal, levam sua relação com o mesmo compromisso que um casal heterossexual. É por essa razão que a opção de ter uma relação sexual com uma pessoa do sexo oposto com a finalidade de ter um filho pode criar complicações, já que para o(a) parceiro(a) pode ser difícil aceitar que a pessoa que ama tenha relações com outra.

Se ocorrer essa situação, será conveniente tomar as medidas pertinentes para incluir o casal homossexual na criação do filho ou da filha e reconstruir o conceito de paternidade e maternidade, considerando como pais não as pessoas que geram o bebê, mas as que criam.

Enfim, ter uma família é mais difícil para os casais homossexuais do que para os heterossexuais e por isso as(os) filhas(os) são recebidos com mais amor, atenção e estima.

Nossas leis continuam sendo muito injustas e estão mais fundamentadas em conceitos e idéias do que na realidade, devido, em grande parte, ao desconhecimento do que é a homossexualidade e de como são os homossexuais.

A decisão de ter uma família ou não é de cada casal em particular. Ter filhos ou não é uma opção, não uma obrigação, ainda que socialmente assim se promova.

Existem muitas outras maneiras de transcender e muitas outras coisas que parir que não sejam filhas(os).

Mãe: "Eu estava preocupada porque acreditava que minha filha Estela, por ser lésbica, não teria filhos. Porém, qual não foi minha surpresa ao ver que os teve. Já meu sobrinho, que é heterossexual e está casado há seis anos, não quer filhos, nem sua esposa."

Pai: "Eu era contra um casal homossexual ter filhos. Não sei, achava que não estava certo. Um dia, meu filho me provou que os homossexuais têm filhos e ninguém sabe que são homossexuais, seja porque se casaram antes ou porque são mães solteiras etc. Descobri, inclusive, que entre meus próprios amigos há uma mãe lésbica e um pai gay, gente que eu nunca pensei que fosse e cujos filhos estão muito felizes."

Mãe: "Senti necessidade de contar à minha melhor amiga que meu filho Carlos é homossexual, ao que ela respondeu: 'Oh, verdade? Sinto muito! Tenho pena porque nunca terá filhos e não vai ser feliz.' Neste momento respondi que pensava a mesma coisa, porém aprendi depois que a idéia de felicidade não é a mesma para todos. Carlos está muito contente e acho que é mais feliz do que um monte de gente que eu conheço, e que têm filhos."

Há muita gente dedicada a lutar para que as coisas mudem. Procure conhecer quais são os direitos sexuais e de reprodução válidos no Brasil.

O que acontecerá aos filhos de meu(minha) filho(a) se já os tem ou se desejar tê-los?

Se a sua pergunta se refere à dúvida sobre qual será sua orientação sexual, vindo de pais gays ou mães lésbicas, pense que você é heterossexual e nem por isso seu filho ou filha também foi.

Já dissemos que a orientação sexual não se aprende e, sendo assim, tanto um casal homossexual quanto um heterossexual tem a mesma possibilidade de que seus filhos sejam homo ou heterossexuais.

Foram estudados grupos de pais e mães homossexuais e, em ambos os casos, a maioria dos filhos foram heterossexuais.

Se você está preocupado(a) com a estabilidade emocional de seus netos, tenha em mente que isso dependerá do relacionamento do casal e da família que os rodeia, como em todos os casos. Os pequenos são menos preconceituosos do que os adultos e podem entender a diversidade de famílias que existem.

Não importa se você concorda ou não que um casal homossexual tenha filhos. A verdade é que muitos os têm, e as pessoas não fazem a menor idéia de que são homossexuais, principalmente porque que tiveram um casamento anterior.

Se o que o preocupa é a sociedade, pense que, como em todos os casos, eles terão que aprender a enfrentá-la, da mesma forma que os filhos de pais divorciados tiveram que fazer, e também as famílias em que faltou um dos genitores por qualquer causa etc.

As pessoas aprendem a lidar com sua realidade. Pense que existem meninos e meninas que provêm de lares desfeitos – onde talvez não faltem abusos e agressões físicas, emocionais ou sexuais – que ficariam felizes de poder ser adotados por uma família mais estável, não importando o sexo de seus pais.

Avô: "Meu filho é homossexual. Um dia meu neto chegou e disse: 'Avô, você gosta de homens como o meu pai?' E eu respondi: 'Não, eu gosto de mulheres.' Ele respondeu: 'Puxa, eu também.'"

Amiga: "Guille, minha melhor amiga, é lésbica. Lembro que, um dia, minha filha, que tinha oito anos, lhe perguntou: 'Por que você e Maribel dormem juntas? Ela respondeu: 'Por que seu pai e sua mãe dormem juntos?' A menina respondeu: 'Porque se amam.' 'Bom, essa é a razão porque nós dormimos juntas'. Hoje, minha filha tem dezessete anos e o outro dia me disse: 'Espero encontrar um homem que me ame como Guille e Maribel se amam.'"

Pai gay: "Naquela época não era fácil ser homossexual, então me casei, porém isso não funcionou. Tive que me divorciar e contar a minha esposa e amigos que sou homossexual. Cheguei perto do meu filho mais velho e não sabia como explicar. Comecei com uma história um pouco confusa, quando subitamente ele disse: 'Papai você está tentando me dizer que é gay?' Eu, perplexo, disse que sim, e ele me respondeu: 'Se isso vai fazer com que você e a mamãe parem de brigar, então eu fico contente'"

Filha de mães lésbicas: "Eu me lembro que estava muito contente com minha família, até que cresci e me dei conta do que socialmente implica ter duas mães. Tinha um amigo no segundo grau que me incomodava o tempo todo e perguntava coisas, até que falei com elas e me disseram: 'Existem tipos diferentes de famílias. Você tem duas mães que a adoram, qual é o problema?' Na verdade, eu não tinha problema. No dia seguinte, encontrei Mário na escola e quando ele se aproximou para me chatear, eu disse simplesmente: 'Eu tenho duas mães que me adoram e você, um pai e uma mãe que se odeiam.' Ele nunca mais voltou a me incomodar; seus pais estavam se divorciando. Com o passar dos anos percebi que, quando criança, você pode ser perturbado por diferentes razões: pelo seu cabelo, se está gorda, magra, alta, feia, e etc. Acho que tive sorte."

Meu filho vai pegar aids?

Ainda que no começo a epidemia tenha sido detectada basicamente em homens homossexuais e bissexuais, hoje todas as pessoas e comunidades enfrentam esse problema. Por isso é importante estar alerta frente à possibilidade que seus filho(a) têm, inclusive você mesmo, de ser contaminado(a), seja qual for sua orientação sexual. Os jovens tornam-se sexualmente ativos cada vez mais cedo e, com a propagação do vírus, nenhum pai ou mãe pode ignorar que existe perigo.

O hiv (vírus da imunodeficiência humana) atua de maneira intracelular, o que significa que somente consegue viver dentro de uma célula. Sua função consiste em baixar gradativamente as defesas do corpo até deixá-lo vulnerável a qualquer doença do ambiente. Quando uma pessoa está contaminada com o vírus pode transmiti-lo a outras, ainda que fisicamente não se perceba nada. Este é o perigo: uma pessoa portadora do vírus hiv não apresenta sintoma algum. Portanto, é possível que nem ela mesma o saiba. Já a aids é a manifestação ativa da doença, de forma que, quando dizemos que alguém tem aids, isso quer dizer que, depois de ter o hiv em seu corpo por um tempo, suas defesas já baixaram a um grau que deixaram entrar uma doença oportunista. Na verdade, as pessoas não morrem de hiv, mas sim de doenças do ambiente. Na fase da aids, a pessoa apresenta sintomas evidentes, que podem ser:

- Gânglios inflamados durante mais de três meses;
- Febre ou calafrios inexplicáveis ou persistentes;
- Diarréia persistente;
- Fadiga;
- Perda de peso constante e inexplicável (mais de 10% a menos que o peso anterior);
- Manchas vermelhas ou arroxeadas na pele que não desaparecem (sarcoma de Kaposi);
- Uma capa branca e espessa na língua;
- Propensão a hemorragias;
- Tosse seca e persistente;

No entanto, deve-se ter cuidado com o diagnóstico, pois muitos desses sintomas também são característicos de outras doenças, e não determinam que a pessoa tenha aids.

O teste

A informação abaixo foi cedida pela ong mexicana Conasida.
O teste de hiv, chamado Teste Elisa, é feito através de uma análise de laboratório. Este teste detecta a presença de anticorpos contra o vírus no organismo e consta de uma amostra de sangue em jejum, ou seis horas após ter comido.
O teste é feito em qualquer pessoa que assim o desejar, especialmente se teve relações sexuais sem preservativo, se recebeu transfusão de sangue, se teve vários parceiros sexuais, se compartilhou

objetos pontiagudos ou cortantes, como aparelhos de barbear ou seringas sem desinfetar, se sofreu algum acidente em que esteve em contato com sangue de outras pessoas, se existe alguma dúvida, se planeja iniciar um relacionamento ou ter um filho em breve.

Se o resultado for negativo, significa que não foram encontrados anticorpos contra o vírus da aids, o que indica que a pessoa está saudável. Pois bem, é recomendável fazer o teste novamente três meses depois da data em que pôde ter sido contagiado, já que antes disto o corpo não terá desenvolvido anticorpos e, portanto, o resultado será negativo. Que uma pessoa tenha resultado negativo, não quer dizer que não possa contrair o vírus, que não precise se prevenir ou que seja imune à aids.

Se o resultado for positivo, quer dizer que foram encontrados anticorpos contra o vírus, o que indica que a pessoa é "soropositiva", ou seja, que o soro sangüíneo é positivo. No entanto, é necessário comprovar qualquer resultado positivo com um teste confirmatório chamado Teste de Western Blot, já que, em alguns casos, o Elisa pode resultar positivo por outras causas. É conveniente que os resultados dos exames sejam entregues ao interessado por um médico ou psicólogo especializado.

Fazer o exame de hiv/aids pode proporcionar tranqüilidade, evitar a transmissão do vírus a outras pessoas, obter assistência médica correta caso seja requerida e conservar sua saúde física, emocional e mental.

As principais causas da transmissão do vírus são a *ignorância* e a *confiança*. Se alguém confia demasiadamente em si mesmo, acredita que não vai acontecer nada, acha que a pessoa com quem está tem boa aparência e por isso não deve ter o vírus, pensa que isso vai ser só um momento, que o assunto tem sido exagerado etc., está correndo um risco desnecessário. E, por outro lado, há a falta de informação a respeito.

Se seu filho ou filha já foi contagiado com o vírus ou contraiu aids, ele ou ela precisa de seu apoio mais do que nunca. É importante que saiba que não está sozinho(a) neste momento. Existem várias organizações que podem ajudá-lo(a) e assessorá-lo(a) com tratamento médico, psicológico e físico adequados. Conhecer a doença, suas formas de contágio e de prevenção, ajuda-nos a trabalhar nossos temores e agir apropriadamente.

Infelizmente, ainda há pessoas ignorantes que se alegram cada vez que ficam sabendo que um homossexual morreu, como se fossem os únicos que morrem desta enfermidade ou como se fossem uma praga que é preciso exterminar, e não percebem que, enquanto existam seres humanos sobre a Terra, continuarão existindo lésbicas e homossexuais e que um(a) deles(as) pode ser seu(sua) próprio filho(a) ou de alguém muito próximo, ou muito querido.

As diferentes comunidades lésbicas-gays de todo mundo adquiriram grande consciência a respeito do vírus, talvez mais que alguns grupos heterossexuais que acreditam ser imunes à contaminação.

Amigo: "Quando descobri que meu amigo Roberto é gay, a primeira coisa que pensei foi: E se ele pegar aids? Agora vejo que ele pratica sexo com mais segurança que eu."

Não sei como vou me sentir com meu filho (ou minha filha) e seu parceiro(a)

Tem razão. A gente nunca sabe como vai se sentir frente uma situação até que passe por ela. A única coisa que posso afirmar é que se deseja ter uma relação verdadeiramente próxima com sua filha(o), seria importante que você se aventurasse a olhar o que acontece, principalmente se tem uma relação estável. Além de tudo, é injusto que você se preocupe que ela(e) possa encontrar um par que a(o) acompanhe durante a vida e que não deseje conhecê-lo. Lembre-se de que somente temos medo daquilo que não conhecemos e a única forma de superá-lo é nos dar uma oportunidade. A maioria das experiências neste sentido são mais agradáveis do que o esperado e, como tudo na vida é uma questão de prática, de ir exercitando aos poucos o costume de vê-los(as) juntos(as). Na Rússia e na Itália, por exemplo, os homens se beijam e se abraçam e isso é visto com naturalidade. No Brasil, simplesmente não estamos acostumados.

Alguns pais e mães de família já conviveram, de fato, com os parceiros de seus filhos e filhas, apenas não sabiam, mas, uma vez que descobrem que são um casal, alguma coisa muda internamente, quando na realidade a situação não mudou em nada.

Mãe: "No começo eu achava estranho, até me sentia pouco à vontade. Agora, acho tão natural que quando elas se beijam esqueço que são duas mulheres"

Pai: "Para mim custou muito ver a relação homossexual da minha filha com os mesmos olhos que a relação heterossexual do meu filho, mas conforme me dei uma oportunidade, fui me acostumando. E mais, tenho mais simpatia por minha nora lésbica do que pela heterossexual"

Mãe: "Honestamente, era mais a minha imaginação do que outra coisa. Pensei que iam ficar se beijando e se abraçando na minha frente, e não foi assim. Vieram aqui e ficamos conversando agradavelmente, como faço com as namoradas dos meus outros filhos."

Mãe: "Eu não sabia que meu filho é homossexual. Ele morava com um amigo há muito tempo e a verdade é que seu amigo me parecia um bom garoto. Eu gostava do jeito que eles se entendiam. Inclusive, a mãe dele e eu nos conhecíamos muito bem. Lembro que eu falava constantemente: 'Tomara que você encontre uma garota tão boa como seu amigo Miguel e que conviva bem com ela como vocês dois.' Porém, no dia em que descobri que os dois eram um casal, não pude suportar. Fiquei sem falar com ele durante mais ou menos dois anos, até que lembrei justamente disto e me dei conta de que era mais preconceito que outra coisa. Senti muita falta deles."

Lupita: "Soube que minha mãe havia aceitado nossa relação quando me disse: 'Preciso saber se vocês vêm para o Natal, para poder arrumar o quarto de casal.'"

Ernesto: "Uma vez briguei com meu companheiro e cheguei sozinho na casa do meu pai. Ele se aproximou e me perguntou sobre o Marcos. Eu contei o que havia acontecido e, depois de me escutar atentamente, me convidou a tomar uma cerveja e disse: 'Meu filho, resolva isso. Com um casal sempre surgem brigas e isso tem que se resolver. Meu genro é um bom rapaz para você, estou contente que você esteja com ele. Vá para casa e conversem.' Então percebi que eles já tinham aceitado."

Ana: "Depois de quinze anos com Eva, minha companheira, um dia vi que minha mãe incluíra nossa foto no álbum de família. Nesse dia, soube que ela tinha me aceitado."

Não sei se poderei aceitar a família de meu filho

Só o tempo dará a resposta, contudo, posso antecipar que pode dar trabalho, pois não é fácil ajustar os esquemas de como "deveria ser" uma família à realidade da diversidade dos tipos de famílias que existem.

Pai: "Cresci em uma cultura que repetia muitas vezes que ser homossexual é errado. Eu debochava muito das 'bichinhas' e cheguei a incomodá-los. Quando meu filho – que com certeza é bastante viril – me disse que era um deles, foi terrível para mim e agora entendo que para ele também. Levei algum tempo, mas por fim aceitei. Justamente quando achei que o pior já havia passado, ele trouxe seu parceiro para jantar e eu, infelizmente, não consegui comer. Sentia-me culpado por não aceitar vê-lo com a pessoa que amava. Passaram alguns meses e tentei novamente. Há pouco tempo soube que Miguel, seu parceiro, tem um filho que vive com eles há dois anos."

Mãe (PFLAG): "Naquele tempo, minha filha Carolina morava havia cinco anos com Maria, sua companheira. Para mim, era muito difícil compreender e respeitar esse relacionamento. Acho que em várias ocasiões feri seus sentimentos por causa de minhas idéias e preconceitos. Demorei muito tempo para convidá-las para a festa de Natal e compreender que eram como meu filho e a esposa, até que um dia Carolina me contou que Maria estava grávida. Fiquei confusa e triste, não consegui ficar feliz por elas e, longe disso, continuei com meus comentários como: 'Esse filho não é seu e não vai ser nunca', como se ser uma boa mãe tivesse algo a ver com parir o filho. As coisas iam mal entre nós. Contei a uma de minhas irmãs o que estava acontecendo e, para minha surpresa, ela já sabia. Carolina contara tudo, inclusive antes para ela do que para mim, o que me fez sentir muito mal. Minha irmã me ouviu calmamente e depois respondeu: 'Escute, você quer perder sua filha? Porque se é isso o que deseja, acredite, está indo pelo caminho certo. Ela está começando a formar sua própria família e, se você quer mantê-la na sua, precisa aceitar a dela.' A partir daí as coisas mudaram."

Talvez valha a pena fazer um esforço, não acha? Este pode ser um momento muito importante para seu filho(a) e, possivelmente, ele(a) esteja precisando de você por perto, como um apoio e não como uma pessoa que põe obstáculos em seu caminho.

Ter um filho gay ou uma filha lésbica pode afetar o nosso casamento?

A maioria dos casais, quando descobre que tem um(a) filho(a) homossexual, passa por um período de crise. Ainda que a forma como isso afeta a relação vai depender de cada um deles e da relação que tenham, da capacidade de resolver problemas juntos ou de se isolar e resolver cada um do seu modo.

Para os casais que não têm um bom relacionamento, descobrir que há um ente querido que é homossexual pode ser um gatilho para mais brigas, sobretudo se não conseguem partilhar os sentimentos. É muito provável que experimentem uma grande solidão e, com o tempo, é possível que um dos dois necessite falar sobre o assunto e o outro ainda não esteja pronto.

Outro caso é o dos casais que se unem mais quando descobrem que uma(um) de suas filhas(os) sente atração por pessoas do mesmo sexo, pois aproveitam a oportunidade para compartilhar, informar-se, crescer e aprender com a situação.

Mãe: "Para mim foi muito duro. Nosso relacionamento não ia bem e esta notícia acabou por destruí-lo. Começamos a brigar com mais freqüência, e a culpar-nos de tudo. Eu sentia muito rancor pelo meu filho, achava que tudo era culpa dele. No entanto, com o tempo, compreendi que ele não tinha culpa de nada, nossa relação já estava terminada havia anos e eu não queria aceitar."

Pai: "Nós tivemos um período de crise muito grande. Estávamos mal financeiramente e os problemas se intensificaram. A notícia do meu filho foi como pôr lenha na fogueira, mas depois isso nos ajudou a falar de coisas que não havíamos falado antes. Agora estamos melhor do que nunca, um com o outro e com nosso filho também."

Mãe: "Quando soube que minha filha é lésbica, me senti muito sozinha. Meu marido quase nunca está em casa e, quando está, não fala de seus sentimentos. Então, decidi procurar orientação. Nunca pensei que fosse aprender tantas coisas sobre mim. Agora sinto que estou mais próxima de meus filhos e de mim mesma."

Pai: "Em casa sempre eduquei com amor e respeito. Quando descobri que um dos meus filhos é homossexual, não soube o que fazer, nunca havia imaginado isso. Então, minha esposa e eu nos unimos para procurar informações e poder administrar melhor a situação."

Posso ter outra filha ou filho homossexual?

A reposta é: não se sabe. Algumas famílias têm somente um e outras têm mais. No entanto, outras não têm nenhum.

Não há nada que você possa fazer para evitar ou estimular ter filhas e filhos homossexuais. Lembre-se que a preferência sexual é um acaso, portanto, a única coisa que resta é aceitá-las(os) como são, com a cor de cabelo, olhos e pele, com sua forma particular de ser, suas decisões e necessidades, sua orientação sexual, seus projetos de vida...

Analise se você continua considerando a homossexualidade como algo que não deveria existir.

Mãe: "Eu só tenho um filho homossexual e, quando penso na possibilidade de ter outro, fico com medo."

Mãe: "Tenho um filho de 29 anos e uma filha de 25, os dois são homossexuais."

Mãe: "Meus dois filhos são homossexuais, e eu não podia deixar de pensar que fora alguma coisa que eu tinha feito para que isto acontecesse. Achava que era um castigo de Deus ou algo assim, então rezei. Até que, depois de um longo tempo de sofrimento, compreendi que as minhas rezas não iriam torná-los heterossexuais. Então, decidi me informar sobre o assunto. Ainda hoje é difícil, continuo perguntando por que comigo, eu sei que ainda não aceitei totalmente."

Pai: "Para mim foi difícil aceitar que os meus dois filhos são gays, mas agora me divirto com eles."

Irmã: "Meu irmão e minha irmã – mais velhos do que eu – são homossexuais e se dão muito bem. Eu também queria ser para me entender melhor com eles, porém nunca gostei de mulheres. Depois de um bom tempo, me dei conta de que não preciso ser homossexual para me entender com meus irmãos." (O que comprova que não se aprende nem se pega homossexualidade).

Irmã: "Somos quatro irmãs e os únicos heterossexuais são meus pais."

Irmã: "Meu irmão é gay e nenhum dos meus filhos é."

Mãe: "Tenho cinco filhos, e o mais velho e a mais nova são homossexuais."

Preocupações com respeito aos outros

Devemos contar aos outros ou não?
Os pais e mães que ainda têm dificuldade para aceitar a homossexualidade de suas(seus) filhas(os) temem que os outros fiquem sabendo. É possível que se sintam vulneráveis e vejam a necessidade de "guardar segredo". Esta preocupação talvez se relacione com a visão que a homossexualidade seja "algo ruim" e vergonhoso, que devem ocultar. Se você está nesta encruzilhada pense de onde tirou essa idéia e dedique-se a conhecer mais o assunto: leia,

pergunte e, sobretudo, conviva com homossexuais. Esta é a melhor forma de aprender.

O medo mais comum é de como serão vistos e julgados como mães e pais, os efeitos que isto trará a seu filho e ao resto da família, e como afetará suas relações sociais. Quando há um membro homossexual numa família, todos os demais se sentem afetados, pois necessitam rever e modificar seus valores, crenças, mitos, idéias e sentimentos a respeito. O processo não é fácil. É provável que você tenha que passar por situações dolorosas ou que tenha agradáveis surpresas, inclusive encontrar mães e pais de filhos e filhas gays. Você não está só, existem muitas pessoas que estão passando por este processo.

Às vezes, a preocupação provém da insegurança de como responder perguntas que possam surgir depois de conversar sobre seu filho(a) homossexual. A má noticia é que, se você não fala sobre o assunto, também terá que enfrentar perguntas e situações incômodas. Por exemplo: "Tem namorado(a)?", "Vai casar?", "Você não está preocupada?" Sem contar a sensação constante de ser descoberto a qualquer momento.

Não é fácil mas, à medida que você se sentir mais informado e seguro, poderá lidar melhor com todo tipo de questionamentos e situações. Por exemplo, ao ter a informação de que a homossexualidade não está associada em absoluto com o fato de ser um bom(boa) ou mau(má) pai ou mãe, sempre podem se dizer coisas como: "Eu vejo que meu filho é um garoto excelente. O fato de ser homossexual é coisa que só a ele compete", ou "Qual é o problema que ele ou ela seja homossexual, em que isso o afeta?"

Se optar por dizer a alguém, peça antes o consentimento de seu filho ou sua filha. É da vida dele ou dela que você estará falando e, por isso mesmo, ele ou ela tem o direito de decidir quem deve saber e quem não.

Em segundo lugar, é preferível não contar a ninguém, a menos que você mesmo(a) tenha encontrado o ponto em que não se sinta mais na defensiva ao falar do assunto. Leva tempo aprender a aceitar seu filho(a) e, a menos que sua atitude seja positiva, é possível que comunique seu sentimento de infelicidade e dúvida aos outros. Quando se sentir pronto(a) será mais fácil falar a respeito com os outros.

Com o tempo e a experiência, pouco a pouco, você irá aprendendo a quem, quando, como e onde contar.

Mãe: "Contei à minha mãe que minha filha é lésbica e ela respondeu: 'Você vai levá-la ao médico?' Eu estava pronta para falar a respeito, então tivemos uma longa conversa."

Mãe: "Quando contei à minha irmã que Paulo é gay, ela me respondeu; 'Tudo bem, só espero que não se porte como mulher.' Pensei em sua resposta e perguntei o que queria dizer com isso. E ela disse: 'Você sabe, como aqueles que se vestem de mulher.' Perguntei-lhe se alguma vez o tinha visto vestido assim e respondeu: 'Agora que você disse, não.' 'Então, o que a faz pensar que ele vai fazer isso? Só porque você já sabe que ele é gay?'"

Mãe: "Passei algum tempo deprimida porque meu filho não irá se casar. Cada vez que ia a um casamento onde lhe diziam: 'Logo será você', meus olhos se enchiam de lágrimas, até que meu filho me abriu os olhos e disse: 'Eles desejam que eu tenha logo alguém que me faça feliz, e dizem tomara que encontre e não tomara que eu seja heterossexual. Em todos os casamentos procuro flertar e ver se encontro alguém para mim.'"

Mãe: "Quando disse ao meu pai que a Alexandra é lésbica, ele me insultou e disse: 'Era uma menina tão boa! O que você fez para ela?' gritou. Eu me senti muito mal e fui para minha casa questionando-me se a culpa era minha. Passamos três meses sem nos falarmos e nem vermos. Li muito a respeito, até que me convenci de que não era responsável. Nesse momento entendi o que muitos jovens sentem quando saem do armário para seus pais e senti tristeza. Após três meses, meu pai me chamou e, finalmente, pudemos conversar direito sobre o assunto."

Mãe: "Quando contei à minha prima que minha filha é lésbica, ela me insultou e criticou. Foi então que eu entendi porque minha filha não tinha dito antes que gostava de mulheres."

Pai: "Com muita tristeza e vergonha contei ao meu compadre que meu filho é homossexual. Qual não foi minha surpresa quando ele respondeu que o dele também."

Mãe: "Eu senti necessidade de contar à minha irmã que Ricardo é gay. Estava perto de celebrar o jantar de Natal na casa dela e meu filho ia levar Marcos, seu namorado. Eles estão juntos há seis anos e queriam ficar perto um do outro, numa ocasião tão familiar. Eu tinha medo da reação dela, mas foi ótima. Ela disse: 'Você e sua família serão sempre bem-vindos em minha casa, não importa o que façam ou sejam. Se Marcos é o namorado do seu filho, eu o considero meu sobrinho também."

A possibilidade ou a necessidade de contar a alguém se torna uma parte importante do processo de aceitação.

Você pode partilhar seus sentimentos a respeito com seu filho(a). Lembre que eles vivem essas experiências freqüentemente, cada vez que precisam contar a alguém sobre sua orientação sexual.

A melhor maneira de promover a aceitação é combater os preconceitos e mitos. Mantenha-se informado para poder informar os outros sobre a orientação sexual de seu filho(a).

6

Homossexualidade e religião

Se amar-nos é pecado, que Deus nos perdoe.

Para alguns pais, talvez este não seja sequer um ponto importante. Mesmo que este seja o seu caso, ainda assim será interessante, enriquecedor e útil ler, já que não faltará alguém que questione o assunto. Para outros, é possível que este seja o ponto mais complexo com que lidar, devido à dificuldade que muitas famílias têm para conciliar a orientação sexual de seus membros gays, lésbicas e bissexuais com sua religião. Têm a idéia de que amar alguém do mesmo sexo é contrário aos desejos de Deus. Se você se encontra nessa situação, não vai ser nada fácil mas, por outro lado, talvez aprenda coisas novas.

Ser gay, ou ter alguém próximo que seja, dá-nos a oportunidade, ou a iniciativa, de questionar muitos dos conceitos "bons" e "maus" do mundo, os conceitos morais e nossos próprios valores. Com esta finalidade apresentarei algumas opiniões e experiências de diferentes pessoas melhor informadas sobre religião do que eu. Muitas delas também estão bem atualizadas sobre o tema da sexualidade, o que exprime uma visão mais completa.

Na vida cotidiana é comum encontrarmos pontos de vista religiosos contrários à homossexualidade, talvez devido à falta de informação que alguns ministros religiosos têm sobre o tema, a seus próprios mitos e preconceitos ou, simplesmente, sua forma de pensar, que também é válida.

Neste tópico, abordarei exclusivamente aqueles pontos de vista religiosos que reconsideraram este tema, para que você obtenha o maior proveito possível. Para começar, pode ser uma experiência enriquecedora e de grande aprendizado, seja qual for a sua fé. É um denominador comum que as pessoas conheçam pouco acerca das Escrituras religiosas em geral, bem como de documentos sobre a homossexualidade vista pela ótica da religião.

Adiante reproduzo alguns fragmentos de alguns dos escritos do reverendo José L. Mojica sobre a homossexualidade.

O homossexual e a Bíblia

Através dos tempos, viemos ensinando com sermões, aulas, seminários e estudos bíblicos, que a Bíblia e, por conseqüência, Deus, condenam o homossexual. A maioria dos religiosos ensina que a homossexualidade é um pecado terrível, outros dizem que o homossexual é possuído por demônios. É uma doença para uns e um vício da luxúria para outros. Pergunto eu: quantas pessoas se deram ao trabalho de sentar-se e esquadrinhar as Escrituras sem preconceitos, nem complexos machistas? Estou certo de que fazê-lo mudaria completamente sua opinião e veriam o homossexual como um ser tão natural e normal quanto o heterossexual.

Aqueles estudiosos que se negaram a reconhecê-lo, motivados por seus preconceitos, interesses políticos e complexos machistas, envenenaram as mentes ignorantes das gerações passadas e continuam fazendo mal com suas falsas interpretações bíblicas contra o homossexual

Com a ajuda de Deus, tentarei trazer à luz a verdade bíblica que foi tergiversada de maneira tão infame por eles. Começarei dizendo aquilo que todos já sabemos: mesmo que muitos de nós digamos que aceitamos a bíblia como nossa regra de fé e conduta, na realidade são poucas as pessoas que o fazem na prática. Contudo, são muitas as que escolhem os versos bíblicos que lhes convêm, e os aplicam para satisfazer seus preconceitos, para ceder a seus complexos, e afirmar o que eles querem acreditar e fazer os outros acreditarem.

Nós encontramos a primeira referência a atos homossexuais na Bíblia, no livro do Levítico. Este livro, escrito quando Israel era uma tribo nômade, é um livro de rituais de purificação e leis relativas a comidas, vestuários, condutas sexuais e sociais. Note-se que, para a maioria das pessoas, tanto as leis quantos os rituais enumerados neste livro foram abolidos nas práticas religiosas de hoje, com a única exceção do que se diz das relações homossexuais. Com que autoridade foi feito isto? Por que dois versos bíblicos (Levítico, 18:22 e 20:13) para condenar certas pessoas, sem fazer caso nenhum de todos os outros versos?

Antes de responder esta pergunta quero apresentar a situação histórica dos judeus no momento em que este livro foi escrito.

Israel havia saído recentemente da escravidão, era uma tribo nômade que vivia no deserto e, dado que a homossexualidade, semelhantemente à masturbação, são práticas naturais que controlam a natalidade, não eram convenientes naquela época, já que o que interessava era crescer em número, com o fim de aumentar sua força. E por esta razão foram condenadas. Além do mais, Israel não queria se parecer às nações cananéias, que praticavam a homossexualidade como ritual religioso. Para eles, este ato sexual era uma oferenda a seus deuses, o que era idolatria e desagradava os israelitas.

Atualmente, todos sabemos que os índices de natalidade cresceram de uma forma tão alarmante que o mundo simplesmente não pode continuar dessa maneira. Porém, como disse antes, os tradutores, os estudiosos, os pregadores e muitos dos que apregoam a palavra de Deus foram influenciados por seus complexos machistas e seus preconceitos monstruosos, que não ensinam nenhum sinal de amor e caridade para com seus semelhantes.

Outro exemplo é o caso clássico da destruição de Sodoma e Gomorra. Segundo algumas interpretações, ambas cidades foram destruídas por causa da homossexualidade. Porém, qualquer pessoa que leia esta passagem (Gênesis, capítulos 18 e 19), verá que a homossexualidade não é mencionada. A Bíblia mesmo nos diz a razão:

Ora, os homens de Sodoma eram maus e grandes pecadores contra o Senhor (Gênesis 13:13):

> Eis que esta foi a iniqüidade de Sodoma: a soberba, fartura de pão e abundância de ócio tiveram ela e suas filhas; mas nunca ampara-

ram o sofredor e o pobre. Foram arrogantes e fizeram abominações (idolatria) diante de mim. E quando o vi, acabei com elas (Ezequiel, 16:49-50).

E reduzindo a cinzas as cidades de Sodoma e Gomorra, condenou-as à ruína completa, tendo-as posto como exemplo a quantos venham a viver sem temor e reverência a Deus (Pedro 2:6).

Então, as razões da destruição destas cidades foram a soberba, a falta de hospitalidade, a idolatria e a falta de caridade. Além do mais, os sodomitas, tanto homens quanto mulheres, se prostituíam em seus ritos idólatras, tanto em coitos anais, quanto em ritos religiosos (sem importar sua orientação sexual). Por isso este gentílico (sodomitas) se tornou um termo para definir prostituto.

Vemos isto no Antigo Testamento, em Deuteronômio, 23:17:

Das filhas de Israel não haverá quem se prostitua no serviço do templo, nem dos filhos de Israel haverá quem o faça.
Havia também na terra prostitutos cultuais (I Reis, 14:24). Porque tirou da terra os prostitutos cultuais, e removeu todos os ídolos que seus pais fizeram (I Reis, 15: 12). Mas a cidade voltou à sua idolatria...

Em nenhum destes textos há referências ao homossexual ou à homossexualidade em si, mas à prostituição tanto do homem quanto da mulher em cultos de templos pagãos. O que mais desagradou a Deus neste tempo foi que o povo de Israel caía novamente na idolatria e, apesar de ser o povo de Deus, passavam aos ídolos, esquecendo-se de Jeová.

O homossexual no Novo Testamento

Começarei dizendo que Jesus Cristo, que é a pedra angular da nossa fé e a autoridade máxima, não disse absolutamente nada referente ao homossexual ou à homossexualidade.

O apóstolo Paulo, na carta escrita aos romanos, fala no primeiro capítulo de como algumas pessoas se voltaram contra Deus, mudando o que para eles é natural para o que não é natural. Referia-se aos heterossexuais que se entregavam às relações homossexuais, cometendo atos "contra sua natureza" (Romanos, 1:25-27). Entretanto, não conheço nenhum homossexual que tenha sido heterossexual antes, mudando sua natureza sexual.

Corinto era uma cidade grega famosa por sua idolatria e imoralidade. Aqui também o ato sexual era usado como rito religioso. O apóstolo escreve-lhes e diz a eles que não se enganem, que nem os *malakos* nem os *arsenokoités* herdariam o reino de Deus (I Corintos, 6:9). Estas palavras gregas foram mal traduzidas por tradutores machistas influenciados por toda uma cultura cheia de preconceitos. A palavra *malakos*, que se refere a um homossexual prostituído em ritos sexuais de adoração, ou seja prostituição idólatra, foi traduzida como afeminado. *Arsenokoités*, que se refere a pervertidos sexuais, tanto homossexuais quanto heterossexuais, denota a relação sexual baseada na luxúria, sem amor e sem compromisso.

A homossexualidade e os pais da Igreja Católica

Uma das pessoas mais influentes foi santo Agostinho. Este, cujo pensamento se baseou na filosofia de Platão, ensinava que o corpo era a prisão da alma e que martirizando o corpo, a alma se purificava. Assim, tudo que fosse feito por prazer, e para dar prazer ao corpo, era pecado. Foi assim que a masturbação e a relação sem o propósito de procriação chegaram a ser pecaminosas, dominadas pela luxúria e um delito grave. É claro que a história não conta que santo Agostinho chegou a esta conclusão buscando refúgio na religião, depois da morte de seu amante (Confissões, Livro IV, capítulo 4, N 7 e 8; capítulo 5, N 10 e capítulo 6 N 11).

São Tomás de Aquino, segue seus passos, chamando esta atividade "crime contra a natureza", supondo que o natural para alguns é o natural para todos. Sendo eles doutores da Igreja, seus ensinamentos eram leis canônicas. Assim é que desde então os homossexuais têm sido considerados pecadores. Os governantes, por interesses políticos, para ter o clero a seu lado e, com isso, a benção papal, apoiados pelo povo ignorante, perseguiam todos os homossexuais.

O machismo como meio de poder e opressão

De acordo com as pautas estabelecidas pelo machismo, o homem tem de ser rude, dominador, pouco carinhoso, deve usar a mulher para satisfação própria e não demonstrar afeto por outro homem, ainda que seja um parente, porque isso poderia ser considerado mostra de fraqueza ou pouca masculinidade, anulando assim grande parte de sua vida afetiva. A mulher é concebida como um ser inferior ao homem, como um objeto cuja utilidade é servi-lo. Portanto, o homem homossexual será, assim, um homem que se coloca no mesmo nível que a mulher e desonra sua masculinidade. Devemos eliminar os homossexuais, é o que muitos dizem, já que evidenciam a fraqueza do sexo forte, e põe em perigo a autoridade do macho. Isto, pensando-se em homens afeminados, já que em muitas épocas dois homens com aspecto masculino, juntos, era considerado sinal de virilidade e fortaleza, como uma força que fica entre "nós, os machos".

Palavras de Ricardo Zimbrón Levy

A antiga teologia manifestava certo desprezo pelo corpo, como fonte "das más paixões". O importante era somente a "salvação das almas". Por outro lado, confundia o sexual com o genital, considerava a união genital como uma concessão irremediável para a continuação da espécie, e o casamento não era mais que um remédio para a concupiscência.

A nova teologia considera a sexualidade como uma realidade extremamente rica, complexa e valiosa, já que abarca a todo o ser humano. Em tudo e para tudo agimos como homens e mulheres. Todo nosso ser é sexuado. O genital é apenas um aspecto parcial da sexualidade. Portanto, as relações sexuais envolvem muito mais que a união genital. Implicam amor, ternura, estima, amizade compromisso, a entrega recíproca das pessoas, o interesse mútuo, o cuidado mútuo, o desejo de fazer o parceiro feliz, a complementação e ajuda mútua em todos os níveis do que cada um tem, é e vive. Por isso, a sexualidade não é considerada, única e exclusivamente, como uma necessidade da espécie, considerando-se sua continuidade, senão, perante tudo, como uma solicitação do indivíduo, dada sua complementação indispensável em todos os níveis. A procriação continua sendo um fim essencial, mas não o primário. A vocação do casal humano é, antes de tudo, santificar-se no amor recíproco pois, sem esse amor mútuo, melhor seria não procriar... Além disso, na moralidade, o que conta mais é a intenção com que se leva uma ação a cabo.

Com tudo isto, o heterossexual estéril tem direito a realizar-se sexualmente no casamento, visto que tanto o sexual quanto o genital são exigências básicas da natureza humana, as quais devemos atender, em prol da continuidade da espécie e também da saúde e do equilíbrio individuais. Portanto, todos têm direito de realizar-se como seres sexuados, independentemente de sua capacidade de procriação. Então, por que excluir o homossexual deste critério? Por que pensar que eles não precisam realizar-se sexualmente para viverem sãos e equilibrados?

As condições que a moral pede ao heterossexual para uma realização satisfatória com o ser sexuado são duas: respeitar os direitos e a dignidade dos outros e que não seja promíscuo, relacionando-se sexualmente com um único par. Então, por que exigir mais do homossexual? Por que não existe uma moral que enquadre sua sexualidade e, sim, uma que a suprime, como se tal coisa fosse possível?

Dissemos que a união sexual física é moralmente boa quando cumpre com uma de suas funções essenciais, que é a de expressar amor, a que engloba o espírito e o corpo. Por que então, proibir a relação física do homossexual, quando é levada a cabo como expressão autêntica de amor?

Todos os manuais de teologia diziam que as relações entre homossexuais são pecaminosas porque vão contra a natureza, porém deveriam esclarecer contra a natureza de quem: dos heterossexuais ou dos homossexuais?

Lembremos que um homossexual que pode ser situado no sexto grau da escala de Kinsey só pode reagir sexualmente com os do mesmo sexo, tanto no plano sentimental quanto genital.

As pessoas do sexo oposto não constituem nenhum estímulo para sua sexualidade e tal posição pressupõe um determinante irreversível da polaridade sexual. Por conseguinte, quando um homossexual age segundo seus impulsos devidamente estruturados, é evidente que está agindo conforme sua natureza e não contra ela. O Levítico diz:

> Se algum homem se deitar com outro homem como se fosse mulher, ambos praticarão coisa abominável; serão mortos; o seu sangue cairá sobre eles (Levítico, 20:13)
> Com homem não te deitarás como se fosse mulher: é abominação (Levítico, 18:22)

Assim, se alguém quiser aceitar as leis do Levítico terá de matar mais de quinhentos milhões de pessoas e fazer muitas outras coisas estranhíssimas. No entanto, por sorte, a regra mais importante para interpretar a Bíblia é usar o bom senso.

Guilles Dugal. *L'actualitè*. 26 de dezembro de 1987: "Sou católico. Tenho 28 anos e sou homossexual. Quando levava uma vida promíscua a Igreja me aceitava, me absolvia de vez em quando... Agora que amo verdadeiramente meu parceiro, a Igreja fechou suas portas e não me absolve mais porque vivo numa situação de pecado que não quero abandonar, isso foi o que me disseram. Isto me obrigou a viver de costas para a Igreja, porém vivo de frente para Jesus e sua mensagem de amor e de libertação. Porque a castidade absoluta não é para mim e me recuso a viver na solidão, porque descobri a riqueza que existe no verdadeiro amor."

Não nos esqueçamos que é a própria Bíblia que nos adverte claramente que a castidade é um dom que Deus concede somente a uns poucos.

Fragmentos do texto *O porque das seis noivas para Davi*, escrito pelo rabino Felipe Goodman, da comunidade de Bet-El, México

Temos que dizer que, às vezes, aprender é doloroso porque a consciência de que conhecemos a realidade projeta aspectos do nosso próprio ser que não gostamos de enfrentar. Neste caso, lutar contra o fantasma da intolerância e da discriminação, provavelmente, foi o aspecto mais difícil da nossa aprendizagem.

Qualquer tema que tenha a ver com o judaísmo, qualquer um que tenha a ver com a forma que um grupo de pessoas e, inclusive, um indivíduo, sinta-se a respeito do judaísmo, não deve ser um tema alheio a nossa comunidade. Se dentro dela existe um setor que se sente posto de lado por não poder ser autêntico, por não poder viver o judaísmo como deve ser, devido aos preconceitos sociais próprios da região do mundo em que vivemos, então é nosso dever não ouvir só por curiosidade, mas ouvir para entender.

Se alguém deseja julgar um judeu por sua sexualidade dizendo que a Torá (a Bíblia) castiga tal violação com a morte, devemos dizer que, conforme a concepção bíblica do judaísmo, violar o *Shabat* (o sábado) é castigado da mesma maneira. Isto é, a intolerância e a homofobia não podem, em nenhum momento, ser protegidas pela religião judaica, por aqueles que pretendem manipular nossa tradição para justificar um preconceito social. Qual seria então a verdadeira dimensão que a voz do judaísmo contemporâneo deveria dar ao tema da homossexualidade? Provavelmente concluiríamos (...) que somente Deus (...) tem a opção e o direito de julgar a conduta sexual das pessoas(...) e que nenhum de nós, na qualidade de seres humanos, deve julgar as outras pessoas por sua sexualidade(...) e afirmar com fé absoluta que um homossexual está cometendo um pecado. (...) Mais ainda, um enfoque cem por cento judaico veria com profunda compaixão a angústia e o sofrimento que muitos homossexuais sentem por viver em uma sociedade como a nossa.

Quando penso na visão rabínica e na maneira que nossos sábios abordaram o tema de acordo com seu tempo, seu contexto, sua própria realidade, pergunto-me como devo abordá-los, dentro do meu tempo, meu contexto e minha própria realidade, sem cair em estereótipos, nem em opiniões formadas por minha falta de informação, sem chegar a conclusões baseadas em meus medos.

Gostaria de terminar esta reflexão com um verso que pode nos proporcionar uma abertura para a maneira pela qual devemos perceber os sentimentos entre todos os seres humanos, qualquer que seja sua raça, sexualidade, religião ou cor. Que estas palavras de Davi possam nos fazer compreender o que, realmente, é o amor e o que representa a dor:

Angustiado estou por ti, meu irmão Jônatas; tu eras amabilíssimo para comigo! Excepcional era teu amor, ultrapassando o amor das mulheres. Como caíram os valentes e pereceram as armas de guerra. (Samuel II, 1;26-27)

Entrevista com o reverendo Jorge Gabriel Sosa da Igreja Metropolitana "Reconciliação"

O que o senhor diria aos pais de família que têm um filho ou uma filha homossexual?

Eu digo que deveríamos perguntar o que é que se entende por amor. Amor é a aceitação do outro tal como ele é. Os pais não escolhem suas filhas(os) e as(os) filhas(os) tampouco escolhem suas mães e seus pais. O importante é viver o amor, não pensar em mudar o outro, como eu digo que Deus diz que deve ser.

Como pais e mães, certamente tomaram muitas decisões em suas próprias vidas com as quais Deus não estaria de acordo e não foram castigados, com que direito não aceitam seu próprio filho ou filha que os ama como são.

Um exemplo poderia ser o de pais que trabalham duro para que seus filhos freqüentem a universidade e possam aprender coisas que eles não puderam, e depois de terminar seus estudos, os filhos não aceitem seus pais porque não estão no mesmo nível que eles.

Em nosso país há uma planta que se chama "mãe ruim" e que, geralmente, pendura-se, já que se tem a impressão que atira seus filhos e os deixa pendurados. Isto se relaciona à desinformação, já que esta é uma planta de terra. Então, não atira seus filhos, mas dá-lhes um espaço próprio ao deixá-los na terra perto dela.

Assim, eles têm a oportunidade de crescer por si mesmos e fincar suas próprias raízes. É aí então que ela os solta. Esta mesma planta tem outros nomes. Em outros lugares, como na Argentina, ela se chama "laços de amor."

Precisamos aprender. A palavra religião pode ser interpretada como reler. Temos de ler várias vezes para chegar à compreensão. Muitos pais que tentam compreender a homossexualidade de seus filhos partem da culpa religiosa, que geralmente provém de uma interpretação bíblica errada.

Por exemplo, antes do século XVIII, a palavra *malakoi* significava fraco de caráter e, talvez, tivesse algo a ver com gente que não queria ir para guerra. A partir do século XVIII, o rei Jacó, da Inglaterra, interpretou a mesma palavra como afeminado, cujo significado naquela época era o de um homem que, por falta de caráter, ia de fêmea em fêmea, o que hoje chamaríamos de mulherengo, não homossexual. Em nenhuma parte da Bíblia se menciona a palavra homossexual como tal, senão que foram puras interpretações.

Da palavra *arsenokoitae* não se conhece realmente seu significado, porém, por suas raízes pode ser camas e homens ou também veneno e sexo. Esta palavra foi usada por Paulo e não se sabe o que quis dizer. Portanto, ambas traduções se invalidam. Hoje o sexo venenoso seria o sexo sem preservativo.

Se lermos a Bíblia com cuidado, encontraremos uma busca de justos e não de homossexuais. Eu abençôo casais que se amam, como diz João (*João*, 4:7-8): "Amados, amemo-nos uns aos outros, porque amor é de Deus; e qualquer ser que ama é nascido de Deus e conhece a Deus. Aquele que não ama não conhece a Deus porque Deus é amor."

Não é mencionado em nenhum momento amor heterossexual, nem o limita a uma de suas manifestações. Devemos ler o que está escrito, não o que dizem que devemos entender.

Outros pontos de vista a respeito da homossexualidade

Sacerdote católico

Devido às condições diversas dos seres humanos, acontece que alguns atos que são virtuosos, apropriados e adequados para algumas pessoas, para outras podem ser imorais ou inadequados (São Tomás de Aquino, *Summa Theologiae*).

A homossexualidade não tem que estar necessariamente relacionada com o pecado, a doença ou o fracasso. É uma forma diferente de satisfazer os desígnios de Deus... supostamente, o grande pecado pelo qual Deus destruiu Sodoma foi a homossexualidade. Esse é o grande mito. Descobri, na minha extensa investigação, que isto não era verdade. O pecado de Sodoma e Gomorra foi a falta de hospitalidade para com um estranho... Em *Mateus*, Jesus diz a seus discípulos: "Vão e preguem o Evangelho, e se chegarem a algum lugar e não forem bem recebidos, se não forem hospitaleiros, sacudam a areia das sandálias, e será pior para este povo, do que foi para Sodoma..." Os quatro Evangelhos não mencionam nada sobre o tema da homossexualidade.[1]

Ministro protestante

Se eu acho que a homossexualidade é um pecado? A homossexualidade, da mesma forma que a heterossexualidade, não é uma virtude nem um erro. A orientação sexual é um misterioso dom da graça de Deus, comunicado mediante um conjunto extremamente complexo de fatores químicos, biológicos, cromossômicos, hormonais, ambientais e de desenvolvimento, os quais estão completamente fora do controle dos meus amigos homossexuais. Sua homossexualidade é um dom, não uma virtude nem um pecado. Entretanto, o que eles fizerem com sua homossexualidade será, sem dúvida alguma, sua responsabilidade pessoal, moral e espiritual. Seu comportamento como homossexuais, pode ser pecaminoso, brutal, abusivo, egoísta, promíscuo e superficial, e também da mesma forma que um comportamento heterossexual, que pode ser belo cheio de ternura e consideração, leal, desinteressado e profundo. Ser heterossexual não me faz ser uma pessoa melhor, mas meu comportamento como tal sim, e este não está ligado à minha orientação sexual. Definitivamente, não acho que a homossexualidade seja um pecado.[2]

Rabino judeu

Antes de tudo, o judaísmo sempre enfatizou a importância e santidade do indivíduo. Os antigos rabinos comparavam cada vida humana ao mundo inteiro. Por que Deus criou cada ser humano diferente dos outros e não nos carimbou como se fôssemos moedas de igual valor? – eles se perguntavam. "Para nos mostrar que cada pessoa é única", era sua resposta. O judaísmo sempre celebrou a vida humana e estimou a liberdade como o veículo através do qual cada indivíduo único pode desenvolver seu potencial.

É por esta razão e visto que nós, judeus, aprendemos diretamente o quão sufocante e destrutiva é a opressão, o movimento de Reforma Judaica em todas as suas ramificações fez um chamado para que se proponha a legislação dos direitos dos gays. Ainda que grande parte das ramificações do judaísmo não estejam de acordo, o judaísmo liberal reconhece que a censura religiosa contra a homossexualidade foi produto de um tempo e lugar, uma época antiga, durante a qual a existência dependia de que cada membro tivesse filhos para povoar as fronteiras e abastecer o exército. Isso foi há muito tempo, antes que a ciência moderna e a psiquiatria nos trouxessem um novo entendimento da natureza humana. Nós, judeus, sempre incorporamos os últimos conhecimentos ao nosso judaísmo. Graças a essa adaptabilidade, temos sobrevivido e, graças a ela, foram deixadas de lado tantas proibições bíblicas. Os judeus pensantes de hoje, semelhantemente a todas as pessoas pensantes, recusar-se-ão a evocar regras homofóbicas entre todas essas leis, esquecidas há tanto tempo. Depois de tudo, nem o mais ortodoxo apedreja as crianças desobedientes até matá-las, nem os fundamentalistas nos pedem que sigamos seus rituais *kosher*, sendo estas somente duas das regras encontradas na Bíblia. Se nós, judeus, que sempre fomos vítimas por sermos diferentes, não conseguirmos aceitar, quem então, em nome de Deus, o fará?[3]

Se você deseja se aprofundar no assunto, examine o Anexo 2, que apresenta uma vasta pesquisa realizada pela PFLAG com respeito às três perguntas mais comuns que os pais fazem a seus ministros religiosos sobre a homossexualidade.

Conclusões

O tema sobre religião e homossexualidade é complexo, carregado de emoções e questionamentos.

A maioria dos líderes religiosos e teólogos concordaram que Deus não considera a homossexualidade como pecado. Vários dos entrevistados consideram a orientação sexual, seja ela heterossexual, bissexual ou homossexual, como um presente de Deus. Tudo o que Deus criou é bom. As opiniões dos pesquisados estão divididas se as Escrituras são contrárias ou não à homossexualidade. Os que pensam que as Escrituras não condenam a homossexualidade compartilham a preocupação de que os autores bíblicos podem ter sido influenciados por:

- Um baixo nível de conhecimentos científicos e um alto nível de preconceitos resultantes da falta de informação;
- As crenças culturais de dois mil anos atrás não podem ser aplicadas ao século XXI;
- A grande preocupação pela sobrevivência e procriação, consideradas como prioridades, devido à alta mortalidade e uma baixa considerável na população por causa das guerras.

Pensam ainda que:

- Deus aprova que gays e lésbicas comprometam seu amor em uma união sagrada, sempre e quando o façam de maneira construtiva e amorosa;
- Os homossexuais são tão aptos para criar filhos quanto os heterossexuais;
- Não se pode chamar pecado algo que a pessoa não pode mudar;
- Não se pode comparar atos como assassinato e adultério com a homossexualidade, já que esta não prejudica ninguém;
- A orientação sexual não é boa nem ruim, é o que cada um faz com ela;
- As Escrituras foram feitas antes que existisse a palavra homossexual. Desta base partem as objeções em relação ao que algumas expressões sexuais se referem.

Mesmo que as Escrituras tenham sido inspiradas por Deus, foram escritas pela mão do homem. Passaram por interpretações e traduções que possivelmente receberam influencia da cultura, das atitudes morais e preconceitos da época antiga. Muito pouca gente sabia ler e escrever e não havia produções em massa ou disponibilidade de livros impressos. A maior parte da informação dependia unicamente da palavra falada e da memória humana. Se alguma pessoa não concordava com uma idéia, não tinha a possibilidade de desafiar com êxito os escritos de poderosos literatos.

Existem na Bíblia muitas coisas que ainda nos confundem. Por exemplo, o Antigo Testamento diz que o Sol gira ao redor da Terra (Gênesis, 1:14-19). Nos séculos XVI e XVII, alguns cientistas, incluindo Galileu, descobriram que é a Terra que gira ao redor do Sol. Esta idéia causou oposição das autoridades. Em 1663, a Igreja e o Papa Paulo V forçaram Galileu a modificar suas teorias. Para salvar sua vida, ele assim o fez, mas hoje sabemos que estava certo: a Terra gira em torno do Sol.[4]

Antigamente, também se acreditava que o sêmen do homem continha todos os ingredientes necessários para produzir uma nova vida, de tal modo que qualquer ato de "desperdício" do fluido fora do corpo da mulher era considerado pecaminoso. Hoje, sabemos que o sêmen não é o único que dá vida ao ser humano e que a sua produção é infinita. É interessante ver como se supervaloriza este fluido e como a menstruação feminina foi acusada de ser impura, quando se sabe que se existe um fluido corporal higiênico e absolutamente puro é a menstruação, pois se fosse sujo dele não poderia nascer um bebê. Cabe o comentário que a grande maioria dos homens "desperdiçaram" seu sêmen mais de uma vez, sem ser homossexuais. O lesbianismo nem sequer é mencionado, o que permite ver que a Bíblia é sexista.

Quase todas as religiões condenam os comportamentos sexuais não reprodutivos, classificação na qual entrariam o sexo oral, a masturbação, o sexo anal, beijos, a anticoncepção, que são comportamentos generalizados em nossa população, sem importar a orientação sexual que se tenha. Por exemplo, o comportamento masculino é associado ao sexo anal quando, na realidade, nem todos os homossexuais o praticam e muitos heterossexuais sim, como uma das incontáveis formas de prazer que existem. Se refletirmos sobre os encontros sexuais, quantos têm como finalidade a reprodução?

A proximidade de outro ser humano no aspecto físico, afetivo e prazeroso alimenta nosso espírito, amplia nossa comunicação e não se relaciona, necessariamente, com a reprodução.

Hoje não se praticam muitas coisas que a Bíblia propõe, e algumas de suas leis passam despercebidas ao se assumir a atitude "afinal de contas, não é tão importante". O que acontece então com a homossexualidade, que é mais importante que outras coisas? As Escrituras não são levadas ao pé da letra. Em muitos de seus parágrafos são propostos castigos que têm a ver com a morte, em caso de infidelidade, por exemplo. Por que não os seguimos literalmente? Tudo isto diz respeito a viver sob regras atualizadas em função das necessidades reais.

Muitos rituais e proibições não foram mais do que uma forma de distinguir-se de outros povos. Necessitamos de leis e regras que sejam mais reais, baseadas *no que é* e não *no que deveria ser*.

As religiões deveriam ter os mesmos princípios morais e religiosos para todas as pessoas igualmente, homossexuais, bissexuais ou heterossexuais.

A Bíblia é um conjunto de regras que servem para proporcionar uma melhor qualidade de vida a todos. Devemos procurar que seja assim.

Alguns religiosos acham que, com argumentos, podem induzir os homossexuais ao "bom caminho" da heterossexualidade e não percebem o mal que fazem por ignorância, já que, longe de mudar alguém, conseguem que muitos culpem a si próprios por não poder fazê-lo.

Gostemos ou não, diga ou não a Bíblia, os homossexuais continuarão existindo. Depende de nós continuar permitindo que muitas pessoas condenem toda sua própria vida, sem encontrar saída (há uma porcentagem três vezes maior de suicídios cometidos por jovens homossexuais do que por heterossexuais, a cada ano), ou ajudar que tenham uma vida digna e saudável física, emocional, moral e socialmente.

Carta de uma mãe aos membros do PFLAG

"Estimado amigo:
Tenho que compartilhar com você uma profunda e dolorosa declaração.

Após uma minuciosa reflexão sobre o suicídio do meu filho, agora acredito que minha ignorância e visão estreita sobre a sexualidade humana me fizeram cúmplice de sua morte sem saber.

Em 27 de agosto de 1983, aos vinte anos de idade, meu filho gay Bobby tirou a própria vida. Naquele tempo eu não conhecia o PFLAG e meus conhecimentos sobre a sexualidade humana provinham dos ensinamentos dos pastores que condenavam gravemente a homossexualidade.

Estou convencida que a morte do meu filho foi resultado da incapacidade e da falta de disposição da minha família para enxergar o bem que existe em todos os filhos de Deus, independentemente de sua orientação sexual.

Por favor, permitam-me compartilhar minha história.

Meu nome é Mary Griffith. Sou mãe de quatro filhos e vivo modestamente na comunidade de Walnut Creek, estado da Califórnia, Estados Unidos. Meu marido e eu criamos nossos filhos com amor, disciplina e uma moral conservadora que incluía a presença regular à igreja fundamentalista da nossa comunidade.

Éramos a típica família de 'valores tradicionais'. Ao descobrirmos que nosso filho Bobby era gay, fui à Igreja em busca de ajuda. Por intermédio de nosso sacerdote encontramos um conselheiro religioso, que nos ajudou com o 'problema'.

Não posso explicar a sensação de alívio que senti quando o conselheiro religioso nos ofereceu uma solução para nossa devastadora circunstância por meio da oração.

Durante os anos seguintes, incentivei, pedi, implorei ao Bobby que orasse para que pudesse mudar. Agora imagino o quão difícil foi para ele.

Dois meses antes de terminar o ensino médio, Bobby saiu de casa e me disse: 'Mãe, você não vai mudar.' Tinha razão.

Eu achava que Bobby não tinha orado suficiente, que não tentara se converter em heterossexual. Mais do que tudo, eu queria que mudasse sua orientação sexual mediante a oração e a religião.

Nunca percebi seu sentimento de isolamento.

Nunca imaginei o que acarretaria uma crescente depressão.

Nunca ofereci amor incondicional a um jovem que crescia em desespero.

No entanto, queria que Bobby mudasse.

Meu filho, confuso e cheio de solidão, nos deixou partindo para o Oregon, porque pensou que poderia encontrar a felicidade longe do lar.

Porém, deixar sua casa não era a resposta. Bobby continuou perdido, confuso, isolado e sem conseguir se adaptar. Seu conflito era a adaptação de si mesmo, um conflito interno tão traumático que sacudiu seu lado emocional.

Do que ele mais precisava era calor humano, carinho e afeto, que lhe dissessem que, como jovem gay, Deus o amava. Bobby precisava ouvir que sua família o apoiava na luta para compreender sua preferência sexual. Porém não conseguiu encontrar aceitação própria e decidiu acabar com a vida.

Ao olhar para trás, acho que o mais doloroso foi que não pude ajudá-lo a sobreviver e amadurecer como homem gay que foi. Estava tão comprometida com as interpretações literais da Bíblia que não podia pensar na sexualidade humana. Certamente, não pude entender quais eram as experiências e os sentimentos da homossexualidade do meu filho.

Nesses momentos estava mais atenta aos versos bíblicos do que à saúde e o bem estar do meu filho.

Até hoje, vivo com a dor e a certeza de que, por meus pontos de vista negativos e minhas reprovações da homossexualidade, causei-lhe um dano mortal.

Como você pode imaginar, o período que se seguiu à morte de Bobby foi terrivelmente difícil para mim. Era consumida por sentimentos de responsabilidade e vergonha pelo acontecido. Fiquei muitas horas tentando reconciliar a experiência de Bobby com minhas crenças acerca da homossexualidade.

Gradativamente, comecei a deixar de lado as doutrinas religiosas sobre a homossexualidade e refleti: quando uma doutrina religiosa é mais importante que a vida de um filho?

Com a pergunta insistindo em minha consciência, comecei a aprender mais sobre a sexualidade humana. Comecei a procurar homossexuais, homens e mulheres, para conhecê-los melhor. Logo cheguei o PFLAG e conheci outros pais como eu.

Possivelmente, esta informação não o fez refletir, quem sabe o tenha confundido. Leva algum tempo. Para muitas pessoas o processo é difícil e doloroso; outras se sentem irritadas e enganadas. Em uma época de tantas mudanças e posturas – sobretudo religiosas – referentes à sexualidade, não é fácil tomar uma resolução e uma posição. Não obstante, às vezes é necessário.

Nenhuma Bíblia é um antídoto para a homossexualidade, porém a aceitação, a compreensão e o respeito geram pessoas muito mais saudáveis. Não perca de vista o que é verdadeiramente importante."

Mais opiniões

Pai: "Depois de um tempo percebi, com muita dor, que existem pessoas que sem conhecer, nem entender, fazem julgamentos morais contra outras pessoas. Para mim foi um alívio que Jesus não mencionasse a homossexualidade, porém, disse coisas sobre julgar os outros."

Mãe (PFLAG): "Para mim, levar uma vida religiosa era muito importante: minha família ia a missa aos domingos, eu trabalhava na igreja e meus filhos freqüentavam a escola cristã. Um dia, o padre disse que havia rumores de que meu filho Pepe era homossexual. Eu respondi que não era rumor, que é homossexual. O padre disse que lembrava que Pepe costumava ser um bom rapaz. Olhei para ele desconcertada e respondi que ele continua sendo um bom rapaz, e que a homossexualidade não tem nada de mais. Ele continua indo a missa e sendo bom estudante. Porém foi inútil, fiquei zangada e decepcionada, não com Deus, mas com minha comunidade, a qual pertencemos há anos."

Mãe (PFLAG): "Peguei minha Bíblia e mostrei à minha filha que a homossexualidade é errado. Ela me disse que a Bíblia fala de maneira absoluta sobre muitas coisas que hoje não se aplicam mais, como a atitude em relação à mulher, que provém de uma cultura machista. Antes, era proibido às mulheres falar na igreja (Corintos, 14:34-35), coisas como masturbação não são permitidas e as estatísticas mostram que 90% dos homens a praticam e muitas mulheres também, e não é um problema. Na verdade, é normal e saudável. No entanto, muita gente diz que isso não conta. A Bíblia deveria atualizar seus conceitos."

Mãe: "Muita gente usa sua Bíblia para julgar os outros, atribuindo a culpa em nome de Deus. Eu acho que isso sim é que é pecado. Que seja Deus quem julgue."

Mãe: "Deus criou os seres humanos à sua semelhança, especialmente quando algo não é relativo ao livre arbítrio."

Pai (PFLAG): "Eu escutava um ministro religioso falar sobre a homossexualidade, ele dizia que era uma abominação. Citou alguns parágrafos das Escrituras, e eu sentia um arrepio enquanto pensava que esse homem não conhecia meu filho, mas estava usando a Bíblia para condená-lo."

Pai (PFLAG): "Para mim foi difícil tomar uma decisão. Minha família e eu participamos muito em nossa Igreja, porém, desde que João não foi aceito plenamente, fiquei ressentido. Eu fui ministro dessa Igreja e dediquei grande parte da minha vida a ela, agora sinto que é hipócrita. Apesar disso, foi difícil deixá-la, mas não me arrependo. Agora estou bem mais contente nesta comunidade."

Mãe: "Cheguei à conclusão que os sentimentos de Elena pela Susy eram tão profundos e sinceros quanto os meus por Paulo. Não posso enxergar o que isso pode ter de mau. O amor é o amor."

Mãe: "Todos nós precisamos de alguém, não importa o sexo."

Mãe: "Estive refletindo sobre a religião, a minha fé em Deus, o que diz a Bíblia, e cheguei à conclusão de que uma coisa é a espiritualidade e outra são as interpretações que temos feito segundo nossa Bíblia. Hoje sou uma pessoa de muita fé, tanto quanto era antes, só que carrego uma Bíblia na qual cabe a homossexualidade do meu filho."

Amigo: "Se a reprodução é tão importante e tão natural em toda pessoa que esteja em condições físicas para exercê-la, o que acontece então com a castidade? Também poderia ser considerada antinatural."

Fernando: "Sempre fui um homem muito religioso, até que me dei conta que minha religião me reprova como sou. Fiquei magoado e senti raiva. Questionei cada parte que lia na Bíblia, com a intenção de encontrar uma resposta, até que consegui encontrar meu próprio espaço espiritual."

Raul: "Em uma relação homossexual, um homem não se deita com outro como faria com uma mulher. Simplesmente, deita-se com um homem como homem. Alguns teólogos põem em dúvida a tradução da idéia *deitar-se com uma mulher*."

Artur: "Sou judeu e lembro muito bem que, depois de sair do armário, a visão que tinha da minha própria religião, como algo justo e sábio, foi mudando. Era o Dia do Perdão, fiquei pensativo o tempo todo. Não podia entender como o texto que fala do perdão, da espiritualidade, de conhecermos e reconhecermos a nós mesmos, é o mesmo que me condena."

Jesus: "Uma vez li algo que dizia: 'No exército matei dois homens e me condecoraram. Amei um e me expulsaram.' Foi então que comecei a me perguntar o que é certo na realidade."

João Antônio: "Sempre fui muito religioso e de muita fé. Quando descobri que minha atração é por homens, sofri bastante achando que isso me distanciaria de Deus, por isso não tive relações sexuais até os 24 anos, quando me apaixonei loucamente por Santiago, contra todos meus esforços para me afastar do contato físico. Quando meus pais descobriram que sou homossexual, me puseram para fora de casa, dizendo que um pecador imoral como eu não tinha nada que fazer ali. Fiquei deprimido até que encontrei uns amigos homossexuais muito estudiosos e religiosos assim como eu. Eles pertenciam a uma igreja gay e estavam se preparando para se tornar sacerdotes. Obviamente, me juntei a eles. Sou um homem com muitos valores morais. Que eu me sinta atraído por homens, em vez de mulheres, não muda isso."

Moisés: "Um dia conversando com meu irmão sobre a Bíblia e sobre ser homossexual, ele me disse: 'Na Bíblia ninguém condena a homossexualidade, condenam o sêmen que, ao sair, não é depositado na vagina'. Eu respondi: 'É verdade, mas se eu sou gay, que opções me restam, não vou ter uma vagina, e a masturbação não é permitida. Seria como se eu dissesse: que bom que você vai se casar, a religião não é contra o amor, porém nunca toque em sua mulher, porque isso é condenado. Isto anula minha vida como casal e me condena à solidão, você acha isso certo?'"

Sara: "Após muito sentimento de culpa por não ter filhos, como determina o judaísmo, percebi que o que propõe realmente é que se transcenda como pessoa, ajude aos outros e se realize na vida, por si mesmo, tendo filhos ou não. Muita gente tira de si a responsabilidade pela sua própria transcendência, justificando que já teve filhos, mas esse não é o único fim. Falam, por exemplo, de se ter um companheiro como oportunidade de crescimento e companhia, mesmo que entre pessoas que não podem ou não querem ter filhos."

Alicia: "Não sei se o fato da homossexualidade feminina não ser julgada na Bíblia me parece um alívio, ou me deixa indignada. Por um lado, que bom que eu não tenha que carregar culpas injustas, mas por outro, a sexualidade feminina parece invisível, somente é feita referência a ela em função do homem. Diz-se que a obrigação do homem é satisfazê-la. E se ela não quer ser satisfeita por um homem? Acho que, naquela época, as mulheres eram como mercadoria, usadas para satisfazer os forasteiros como sinal de hospitalidade. Em muitos lugares, é costume que os casamentos sejam por conveniência e a mulher é trocada como gado, ou ainda podemos nos acabar como máquinas para ter filhos. Ninguém perguntava às mulheres da época se desejavam ou não ficar com um homem, pressupunham que essa fosse sua função. Desde que duas mulheres não atentassem contra o poder político do macho, imagino que certamente havia muitas lésbicas que passavam despercebidas, da mesma forma como hoje."

Marta: "Se no Antigo Testamento não se fala de amor, e o casamento é colocado como uma transação em que o pagamento do dote era estimado conforme as circunstâncias da época, então, como poderiam falar do amor entre duas pessoas do mesmo sexo?"

David: "Não podemos ser tão literais. As interpretações da Bíblia são as que, na verdade, têm regido nossas vidas. Não podemos deixar de lado que o judaísmo, por exemplo, produziu uma mudança dramática há alguns anos ao institucionalizar a monogamia, já que, durante milhares de anos, a poligamia foi aceita em todo judaísmo. Duvido que agora qualquer mulher judia aceitasse que seu marido tivesse três, quatro ou mais esposas ao mesmo tempo."

Fortuna: "É triste, mas muitos religiosos não sabem ouvir. Como então podem orientar?"

Diego: "Para mim todas as religiões são um conjunto de manuais de como viver a vida. Neles está escrito tudo o que supostamente deveria ser. No entanto, na prática, as pessoas simplesmente são o que são. A verdade é que a maioria das pessoas não cumpre ao pé da letra o que está na suas próprias Bíblias"

O reverendo P. Marciano Vidal diz: "Para todos é patente a falta de aceitação e credibilidade a respeito das leis cristãs referentes à sexualidade. A causa é que a reflexão teológica realizou uma nova análise quanto ao significado da sexualidade humana, porém esta mudança ideológica não correspondeu a nenhuma mudança quanto às normas concretas. É esta a lacuna que cria conflitos na vida moral dos fiéis. A própria formulação das normas sexuais é errônea, visto que sempre se adapta à expressão autoritária, fechada, abstrata, absoluta e proibitiva. Devemos levar em consideração que toda regra deve atender ao valor preferível, na sua aplicação concreta, e este valor preferível não é sempre o mesmo em todas as circunstâncias. Portanto, as regras sexuais têm de ser formuladas não como algo de validade absoluta, senão como algo que tem validade geral, isto é, na maioria dos casos. E corresponde à consciência e à responsabilidade de cada pessoa determinar se uma norma representa, ou não, seu valor preferível em sua situação particular."[5]

Gandhi disse: "Não há outro Deus que não seja a verdade. Para mim, a religião está em chegar à auto-realização e ao conhecimento de si mesmo." Apesar de terem sido feitos estudos científicos sobre o que é a homossexualidade, alguns religiosos insistem em dar respostas que não correspondem à realidade. Quantos desses religiosos conhecem realmente um(a) homossexual, ou pararam para escutar sua história?[6]

Entretanto, é possível encontrar pessoas que utilizam a Bíblia como forma de defender seus preconceitos contra a homossexualidade. Porém, ao mesmo tempo, há outros estudiosos da Bíblia que debatem qualquer interpretação antigay nos textos bíblicos.

As idéias enraizadas e velhas são difíceis de desfazer, porém, a luta de alguns religiosos continua, sobretudo depois da descoberta que a homossexualidade é uma simples condição de algumas pessoas, em todas as culturas. Às vezes, perdemos a essência das mensagens da Bíblia universal sobre o respeito e o amor a outro ser humano, para dar passagem a antigas crenças.

Talvez devamos aprender a separar a espiritualidade da instituição religiosa. Muitas das regras religiosas e muitos medos com respeito à sexualidade surgiram com a finalidade de fazer crescer a instituição, uma instituição que, como todas, busca a expansão e o poder político-econômico.

É uma pena que nem a história e nem a Bíblia tenham sido escritas sob outros pontos de vista, como o das mulheres, dos negros ou dos homossexuais. Cada ser humano tem a sua própria verdade, que não é absoluta, nem tampouco constante, mas que está influenciada por nossa história de vida, nossos valores, cultura, experiências e outros fatores. Por essa razão, à medida que vamos amadurecendo, aparecem novas idéias e experiências sobre a vida que nos ajudam a ajustar nosso conceito da verdade, ou reforçar os anteriores. É importante lembrar que, assim como esperamos que nossos conceitos sejam respeitados, devemos tolerar e respeitar os dos outros, reconhecendo que cada pessoa pensa de maneira diferente.

Como foi mencionado a princípio, neste segmento sobre os pontos de vista religiosos, acerca da homossexualidade e bissexualidade, somente foram emitidas opiniões a favor. Portanto, talvez você não esteja de acordo com algumas delas, mas lembre-se de que podem ajudá-lo a refletir e formar seus próprios critérios.

É verdade que algumas correntes religiosas continuam condenando a homossexualidade, colocando-se numa posição determinante. Contrárias a elas, outras começaram a reconsiderar e a tomar partido no apoio aos direitos dos homossexuais. A Igreja Metodista, por exemplo, abre as portas para os homossexuais, suas famílias e amigos. Em 1991, a United Church of Christ expediu uma nova regra que dita que a orientação sexual de uma pessoa não é obstáculo para sua ordenação. Na Igreja do Episcopado, o órgão legislativo declarou que os homossexuais têm o mesmo direito que os demais, na dita Igreja. Em 1994, seus bispos publicaram um novo guia pastoral, no qual escreveram: "Assim como os heterossexuais podem experimentar o amor incondicional de Deus, os homossexuais e bissexuais também o podem."

7
O que fazer?

Julga-se mais o amor do que a guerra.

O eu que faço? Na realidade não existe uma receita. Cada mãe e cada pai são diferentes, o mesmo acontecendo com filhos e filhas. Além do mais, as circunstâncias e situações são muito diversas. Mesmo assim, apresentarei a seguir um pequeno guia que pode facilitar o caminho.

Não tente acelerar o processo de entendimento, tenha paciência

Leva tempo digerir que sua filha(o) é gay, da mesma forma que levou para ele ou ela. Não espere demais de você mesmo. Informe-se sobre quem são os homossexuais, como vivem, o que fazem. Não se desespere, você está frente a uma situação nova. Assimile a experiência com calma. Todas as situações desconhecidas provocam medo e, com certeza, esta não é a primeira vez que você o sente. Como pai ou mãe, é indispensável que tenha a capacidade de adaptação e de se abrir para novos aprendizados que deverá empreender em benefício dos seus filhos e filhas ao longo da vida.

Assim como em outras circunstâncias, caminhe passo a passo, sentindo-se cada vez mais seguro e à vontade.

Se para você ainda é difícil entender, tente o seguinte exercício. Imagine por uns instantes como você se sentiria se o mundo, em sua maioria, fosse homossexual. Seus pais são homossexuais e seus irmãos também. É "o normal". Neste lugar todos são assim: seus colegas de escola, seus professores, o homem da cantina, a senhora da papelaria também. Como você se sente?

Os anos passam e, com eles, chega a puberdade. Seus amigos e amigas começam a sair com rapazes e garotas, obviamente numa relação homossexual, e você acha que as pessoas do seu sexo não são atraentes, nem afetiva nem eroticamente. Não há nada a fazer, aqui as coisas são assim. Como você poderia contrariar algo que viu desde criança como uma coisa comum e normal? Então, sai em busca de um parceiro do mesmo sexo, porém, de novo, confirma que isso não o faz feliz, ainda que o ajude a suportar o baile de formatura e toda pressão social à sua volta. Essa relação é o passe para a aceitação social por parte dos amigos, vizinhos, familiares e, sobretudo, de seus pais, que se emocionam cada vez que o vêem com um parceiro homossexual.

Tudo parece indicar que não existem pessoas heterossexuais, ninguém fala sobre ser heterossexual, a não ser para dizer o quanto é horrível. Como você se sente?

Um dia, você descobre que existe um bar com heterossexuais. Pela primeira vez, em anos, não terá que fingir ser homossexual. Pelo menos, nesse pequeno bar, vai conhecer gente igual a você e, talvez, finalmente, encontre um parceiro heterossexual. E agora, como comunicar a seus amigos, colegas de trabalho, vizinhos, familiares e genitores que você não é homossexual, se eles têm tantas expectativas a seu respeito? Todo mundo acha que você é igual aos outros, ninguém sequer questionou a possibilidade de que uma pessoa como você seja heterossexual. Como reagiriam se soubessem? Neste mundo homossexual, as expressões de afeto heterossexuais são muito mal vistas. Você acaba de iniciar sua carreira profissional, tem uma família orgulhosa do que seu filho(a) conseguiu, consideram-no(a) um bom partido, inclusive, tentaram apresentá-lo(a) a pessoas do seu sexo para que encontre um parceiro. Seus amigos o(a) apreciam e gostam de você e não faltam ocasiões em que o(a) pressionam a ter, pelo menos, uma aventura homossexual como os outros. Você, para sobreviver às coisas, começa a mentir, uma mentira atrás da outra e um sórdido silêncio frente a todos os seus medos e confusões, por ser heterossexual em um mundo de homossexuais.

Apesar de tudo, a vida segue seu curso, e sua natureza também, assim você acaba encontrando um parceiro heterossexual. Seu primeiro amor, sua primeira relação sexual satisfatória e plena, mas a quem contar essa alegria?

Sua vida particular, que inclui festejar aniversários, escolher cartões, conviver, ir ao cinema juntos entre muitas outras coisas, tudo transcorre em total segredo. Deve fingir que nada acontece e se esconder, e como se fosse pouco, não falta numa relação aquele dia em que as coisas não andam muito bem. A quem pediria um conselho ou um 'paparico' nesses momentos? Quem, longe de julgá-lo, poderia entendê-lo(a), se aqui todas as pessoas são homossexuais, pelo menos todas as que são próximas de você?

Como você se sente?

Você falaria da sua situação, sabendo que, ao fazê-lo, poderia ficar só e ser rejeitado ou, se tudo corresse bem, ser submetido a fortes interrogatórios sobre sua vida pessoal? Certamente, teria que responder perguntas como as seguintes:

- O que você acha que causou sua heterossexualidade?
- Quando e como você decidiu, pela primeira vez, que era heterossexual?
- Você acha que a sua heterossexualidade é só uma fase que um dia poderá superar e passar a viver como os outros?
- É possível que a sua heterossexualidade seja conseqüência de um medo neurótico das pessoas do seu sexo? Talvez você tenha algum trauma.
- Será que o que acontece é que você precisa de um bom amante do seu sexo e que ainda não encontrou a pessoa certa? Quem sabe quando encontrar você seja feliz em uma relação homossexual, como todo mundo.
- Neste planeta, todos somos homossexuais, por que você saiu heterossexual? Alguém ensinou isso a você?
- Por que você faz isso? Está se rebelando contra quem?

- Se você nunca teve relações sexuais com uma pessoa do seu sexo, como sabe que não gosta?
- Você já teve a coragem de dizer a alguém que é heterossexual? Como reagiram? Tome cuidado, aqui, se alguém descobrir que você gosta de gente do sexo oposto, podem agredi-lo, ofendê-lo, fazê-lo perder o emprego, difamá-lo, virar-lhe a cara. Assim sendo, veja bem a quem você diz.
- Sua heterossexualidade não nos incomoda, podemos tolerá-la, sempre e quando você não use suas tendências para nos cantar ou tentar nos seduzir.
- Grande parte dos casais heterossexuais tem muitos problemas, principalmente, o entendimento entre homens e mulheres. Você tem certeza que quer ter uma relação assim?
- É verdade que as mulheres heterossexuais usam vestidos, são delicadas e, dificilmente, fazem algo além de ir ao salão de beleza, à ginástica e cuidar de crianças?
- É verdade que os homens heterossexuais são promíscuos, infiéis, perversos e só procuram a mulher para satisfazer seus desejos sexuais?
- As estatísticas mostram que 90% dos abusos a menores são cometidos por homens heterossexuais. Você é assim?
- Tome cuidado, os casais heterossexuais se divorciam muito, não vá ficar sozinho(a).
- Por que você quer se mostrar para os outros? Ser heterossexual é uma coisa, mas ficar de mãos dadas ou dar um beijo na(o) namorada(o) na rua é outra. Você não poderia manter sua heterossexualidade discretamente e, no mínimo, esperar para quando ninguém os veja?
- Você sabia que os heterossexuais, em geral, têm papéis bem estereotipados de como deveria ser um homem, uma mulher, um marido, uma esposa ou um casal? Não acha que isso poderia limitá-lo como pessoa?
- Que você seja heterossexual não importa muito, mas ir a um lugar de heterossexuais com o propósito de paquerar alguém... Você não acha que está dando ênfase demais ao sexo?
- Você já pensou em fazer terapia para mudar?[1]

Como você se sente agora? O que faria então? Espero que este pequeno exercício tenha servido para que você compreenda muitas das situações e sentimentos vividos, dia após dia, por muitos homossexuais num mundo heterossexual onde, predominantemente, pode ser o diferente até na sua própria família.

Procure informações em uma fonte confiável

Cheque com algum gay ou especialista no assunto, ou procure livros e sites que não exibam preconceito. Fomos programados para entender mal a homossexualidade. Agora o trabalho é "desaprender" o que aprendemos e adquirir novas atitudes. Isso leva tempo. Deixar antigas crenças nos dá a oportunidade de viver de forma diferente, de agirmos de outra maneira. Neste caso, é necessário conhecer gays de carne e osso, reais e ao vivo, o que nos permitirá romper com muitos dos estereótipos e normas estabelecidas.

Elisa: "As pessoas se espantam quando falo que sou lésbica e fazem este tipo de comentário: 'Não parece. É que você é tão feminina, sensual e inteligente, que nunca passou pela minha cabeça.'"

A melhor maneira de conhecer as vivências de sua filha(o) homossexual é falar diretamente com ela ou ele. Certamente, será seu melhor guia, escute-a(o).

Pergunte com interesse em aprender, não para julgar, recriminar, ou criticar. Não tenha medo de usar palavras "proibidas" (gay, homossexual, lésbica), aquelas que a sociedade nos ensina a ficar escandalizados e sentir vergonha ao escutar. Use o nome correto, pois não é a mesma coisa dizer: "Como você percebeu que é assim?" do que perguntar: "Como você descobriu que é homossexual?" Quando você tenta suprimir as palavras, manda a mensagem que se trata de algo "ruim", tanto que nem consegue falar diretamente.

Uma pessoa disse uma vez: "Não se deve falar sobre homossexuais a não ser com homossexuais." E tinha toda razão.

Não espere que os anos passem ou que aconteça algo extraordinário para se aproximar de seu filho(a) gay. Mesmo que não seja fácil, garanto que é menos difícil do que você espera, pois, com freqüência as fantasias catastróficas superam de longe a realidade. Dê a si mesmo(a) a oportunidade de se abrir agora, enquanto pode.

Uma mãe se recusou a conhecer o parceiro e amigos de seu filho durante quinze anos. Só foi conhecê-los quando foi visitar seu filho no hospital, após ter contraído uma doença mortal. "Estou tão envergonhada", disse. "Eles lhe dão mais amor do que eu dei e são muito mais maravilhosos comigo do que mereço." Agora, seu filho está morto e seu namorado e amigos são bem-vindos à casa de sua mãe. "Quem dera tivesse feito isso antes", diz.[2]

Não é necessário ficar com o "se" quando se tem o "agora" para agir.

Muitos homossexuais passaram por momentos difíceis com seus parceiros e precisaram do apoio de suas mães e pais, porém não contaram com ele porque desconheciam sua vida. Atue agora, escute.

Não critique seu filho ou sua filha por ser diferente

Escute com atenção as experiências de vida que ele ou ela teve. Aprenda, pois é você que não conhece o assunto. A responsabilidade de abrir um canal de comunicação é de mães e pais.

Não culpe outra(s) pessoa(s) por seus sentimentos

Aceite que só você é responsável por suas reações negativas. Não espere que seu filho(a) remedie suas frustrações.

Mostre seus sentimentos, é melhor do que agir tendo como base as suas conclusões. Por exemplo, não o insulte. É melhor dizer: "Estou me sentindo frustrado." Não diga o que não sente. Fale com o coração, deixe que seja ele quem se expresse.

Ajude sua filha ou seu filho a encontrar suas próprias metas

Ainda que, talvez, difiram completamente das suas. Respeite e aceite que é outra pessoa, cujas idéias também são válidas. Afinal, trata-se da sua própria vida. Não tente forçá-la(o) a partilhar de suas idéias sobre sexualidade. É melhor desenvolver a confiança e a abertura, permitindo-lhe escolher sua própria forma de vida. Por outro lado, cada filho é um mundo. Ser gay, necessariamente, não rompe seus sonhos e expectativas em relação a ele(a).

> Marcos: "Uma das atitudes que mais gosto nos meus pais é que sempre respeitam minhas decisões, mesmo que não concordem com elas e, inclusive, não as entendam."

> Mãe: "Foi duro para mim, saber que meu filho é homossexual. Como todas as mães, eu tinha muitas expectativas e sonhos sobre como gostaria que fosse sua vida, e a notícia os desfez. Eu achava que não poderia mais me sentir orgulhosa dele e fiquei deprimida. Passou algum tempo e fui fazer terapia. Aos poucos, fui tirando a venda dos olhos e cheguei à conclusão de que a única expectativa que não se cumpriu foi a de que meu filho fosse heterossexual e me desse netos (se bem que, a respeito de netos, ainda não perdi as esperanças). Fora isso, é muito trabalhador, sociável, bem sucedido, tem um namorado bom, é bom filho e além disso, muito bonito. O que antes não conseguia perceber é que sempre tive muito orgulho dele, não sabia que era homossexual (sempre foi, muito antes que eu soubesse). A única coisa que realmente mudou é que agora eu sei."

> Pai: "Um dia meu filho disse: 'Pai, eu continuo sendo a mesma pessoa de antes.' Naquele momento, não entendi, mas agora já se passaram seis meses e fui me dando conta de que era verdade: nada havia mudado em sua vida. Acho que foi a nossa percepção dele que mudou."

Não se culpe

A homossexualidade de seu filho ou sua filha não é sua responsabilidade. Aprecie a capacidade que tem de amar e ser amado por outras pessoas. Compreenda que existem outras formas de encontrar a felicidade e aprecie o ser humano íntegro que está diante de seus olhos. A homossexualidade de sua filha(o) é apenas uma parte da sua vida. Ser gay não é a única coisa para se saber sobre uma pessoa.

À medida que você for deixando alguns sonhos e idéias de lado, entenderá que um pai ou uma mãe não são responsáveis por todos os problemas, mudanças e atitudes de seus filhos e filhas. Eles são pessoas diferentes. Conforme for possível fazer esta separação, perceberá que é possível que, tampouco, concorde com tudo que seus outros filhos fazem, pensam ou sentem, independentemente de suas orientações sexuais. Todos podem aprender com as diferenças e compartilhá-las.

Não responda a uma agressão com outra

Muitas vezes, por trás de um sentimento de raiva existem sentimentos de dor. Responda à dor, não à raiva.

Não discrimine seu próprio filho

Defenda sua filha ou seu filho da discriminação dos demais e não o discrimine.

Defender um filho gay é difícil, pois põe à prova nossa própria valentia. Normalmente, não me preocupa que meus sentimentos e atitudes sejam suficientemente masculinos, preocupa-me mais que sejam humanos. Lutar por seus filhos gays e lésbicas é muito mais másculo, mais difícil e acertado do que ignorá-los ou pô-los para fora de casa. Antes de tudo, é seu filho, não importa que você continue acreditando que a homossexualidade é um pecado, que é errada, algo com que não concorda. Se nós, seus pais, não o defendermos, não tentarmos entendê-lo e nos aproximarmos, quem o fará?[3]

Pai: "Percebi que meu filho tinha muita coragem para enfrentar sua vida, e eu era um covarde, temeroso de acompanhá-lo."

Don Clark: "Os preconceitos não são culpa de ninguém, são como uma doença. As doenças não são culpa de ninguém, porém, é responsabilidade de todos combatê-las. Lutar contra elas pode ser difícil no começo, mas se torna mais fácil a cada vez. Se você conhecer uma verdade, não hesite em dizê-la."

Não exija que se adapte aos seus padrões

Não queira que seu filho ou sua filha aceite suas idéias sobre como deveria ser um homem ou uma mulher, já que cada pessoa vive sua masculinidade e feminilidade de um jeito próprio. Ainda que existam padrões sociais, nós, seres humanos, não somos moldes. Todos os estilos são igualmente válidos.

Pai: "Refleti algumas vezes sobre o que é ser um homem de verdade: será ser muito viril, heterossexual? Ou ser uma pessoa íntegra em toda a extensão da palavra? Um homem é um homem e isso ninguém tira, a mesma coisa acontecendo com uma mulher."

Pai: "Observei que meu filho estava tão seguro de sua masculinidade que não se importava de mostrar sua parte sensível aos outros. Um dia, ele me disse: 'Pai, o fato de me sentir atraído sexualmente por homens não tira minha masculinidade, ao contrário, a enriquece.'"

Não tente desfazer casais ou relacionamentos

Respeite os direitos de seu filho de encontrar a pessoa certa para ele(a) e estabelecer uma relação.

Não insista em que sua moral é a única válida

Os outros também são seres pensantes e com capacidade de raciocínio, como você. Aprenda com eles e verifique a validade de suas próprias idéias.

Ofereça seu amor e carinho

Aprenda a amá-lo(a) do jeito que ele(a) é, não como gostaria que ele(a) fosse. Dar amor incondicionalmente é uma arte que muitas vezes não estamos acostumados a exercitar. Aprendemos mais a manipular e a chantagear do que aceitar e respeitar os outros. Aos poucos, você perceberá que um(a) filho(a) homossexual precisa de compreensão, apoio e amor, tanto quanto um(a) heterossexual. É importante ter auto-estima e aceitar a si mesmo para poder fazer coisas na vida. Em geral, as pessoas costumam sentir-se descontentes com o que são, com sua aparência, pelo que não têm. E se desvalorizam demais.

Mãe: "Para mim foi muito importante ter falado sobre o assunto com minha melhor amiga. Em algum momento, perguntei: 'O que posso fazer como mãe?', ao que ela respondeu: 'Amá-lo.' Então, me convenci de que, na verdade, esse era o meu papel na vida do meu filho: amá-lo incondicionalmente e dizer que, não importa o que aconteça na vida, ou quem ele seja e do que goste, eu estou aqui para amá-lo, assim como ele é, e assim como ele me ama."

Mãe: "Comecei a ler o livro *Loving someone gay* (Amando um gay) com a intenção de aprender a amar um gay que é muito especial para mim. Agora sei que, na realidade, eu precisava aprender a amar e que uma das pessoas era gay."[4]

Diga com freqüência: eu te amo

A aceitação é o melhor presente que você pode dar a seu filho ou sua filha. A aceitação com amor é perfeita.

Não queira mandar seu filho a um psicólogo

Não deduza que seu filho(a) precisa ver um psicólogo, psiquiatra, psicoterapeuta ou outro profissional da área de saúde. Procure um ambiente em que você possa trabalhar este processo, seja em grupo ou em terapia particular.

Como dar-lhe a ajuda que necessita?

A ajuda não é suficiente se não existe um canal de comunicação e confiança com o outro. Muitos homossexuais passam por um processo antes de definir se são ou não. Nestes casos, a atitude dos pais pode favorecer a identificação.

Se bem que seja verdade que você não pode definir a identidade dele ou dela, é provável sim que chegue a transmitir-lhe sua maneira de pensar fazendo comentários como: "Cada um tem o direito de ser quem verdadeiramente é", "Todos os estilos de vida são válidos", "Não importa o que você seja, sinta, faça ou deixe de fazer em sua vida, eu te amo e vou continuar amando." Se não quer dizer nada, simplesmente, deixe-o(a), aprenda a escutar. Que saiba que você está aí para conversar e compartilhar o que for preciso. Esta é uma atitude útil não só para o processo de identificação, como também para a comunicação constante e a confiança mútua.

Ajuda é algo que se pode oferecer, não forçar. Lembre-se que para muitos homossexuais a palavra "ajuda" encerra toda uma gama de métodos tradicionais para "ajudar a pessoa a ser como os outros", desafiando sua própria natureza. Assim, pode ser que encontre rejeição se não for claro em suas intenções, que são de ajudá-lo(a) a fortalecer sua auto-estima, assumindo-se como o homossexual que é. Para os gays, a aceitação de si mesmo pode não ser fácil. Lembre-se que vivemos em uma cultura que não promove o auto-descobrimento e o crescimento, mas sim, abre espaço ao medo, à culpa e à vergonha frente a qualquer situação que não esteja dentro do que a maioria espera.

Muitas vezes, os líderes comunitários de todo tipo têm medo de falar sobre a homossexualidade e, infelizmente, quando a mencionam, tendem a fazer uma exposição pouco favorável, minando a auto-estima de uma grande quantidade de pessoas que durante anos se sentiram culpadas, envergonhadas e temerosas de quem são. Ainda persiste a crença de que se falarmos desses temas, estamos promovendo-os ainda mais.

Por isso é fundamental que fale, escute, pergunte, aprenda como os preconceitos e o pouco conhecimento acerca da homossexualidade influíram na vida de sua filha(o). Lembre-a(o) de que não está sozinha(o), nem é um caso "raro", já que é estimado que as lésbicas e os homossexuais compreendem quinze por cento da humanidade. Participe do processo de revalorizar e restabelecer sua própria imagem. É positivo que você também compartilhe suas experiências. Que você seja um modelo e o aceite como o homossexual que é, que a(o) apóia em sua auto-estima e auto aceitação.

Muitos gays ficam ressentidos com as pessoas que os rodeiam. É fácil de compreender. Mais de uma vez passaram por episódios muito desagradáveis de rejeição e ofensas por parte das pessoas que estimam, até mesmo amam. Nestes casos, pode ser útil entender que este comportamento se deve à ignorância, e não à maldade. Chegar à compreensão e ao perdão, junto com uma atitude positiva, será benéfico para sua paz interior, adaptação social e revalorização da sua imagem.

A depressão nasce da visão negativa de si mesmo, da realidade presente e de uma visão pessimista do futuro. Esta condição depressiva impede o desenvolvimento da personalidade e estimula a busca de falsas compensações como o álcool, as drogas, ou ainda o suicídio... sobretudo se a pessoa em questão é jovem. É importante conseguir construir a auto-estima, identidade e intimidade adequadas que permitam ter uma vida saudável.

A Organização Mundial da Saúde já determinou que a saúde sexual de uma pessoa está vinculada ao seu bem-estar biológico, psicológico, emocional e social.

Trate a outra pessoa com respeito. Antes de tentar ajudá-la a viver e expressar sua homossexualidade, examine os sentimentos homofóbicos que existem em você mesmo, já que estes podem sabotar seu trabalho.

Ajude-o(a) a elaborar um plano concreto para sua própria vida. Para um heterossexual, é mais fácil determinar metas porque, muitas vezes, as aspirações pessoais coincidem com os moldes já estabelecidos pela sociedade. No caso de um homossexual, estes modelos e expectativas sociais nem sempre funcionam e ele ou ela terá de construir suas próprias metas, ideais e sonhos.

É importante promover um plano de vida com todos seus filhos. Muitos jovens de hoje se sentem perdidos, independentemente de sua orientação sexual, pois vivemos numa sociedade que está acostumada a nos dizer o que fazer e não a permitir-nos explorar o que realmente desejamos fazer com nossas vidas. Sem dúvida, estas condições abrangem também – e parece que com mais impacto – as novas gerações.

A melhor maneira de ajudá-lo(a) é amá-lo(a) e, com base nesse amor, verificar o que seu filho ou filha necessita. Não dê como certo que você sabe o que é melhor para ele ou ela.

Se considerar necessário, procure profissionais da área de saúde que possam ajudar, bem como instituições que se dediquem a trabalhar temas de sexualidade. Ler este livro é um grande passo para apoiar seu filho(a). Fazê-lo demonstra que você está aberto a informações novas e espero que quando termine esteja melhor informado.

A forma de apoiar seu filho(a) gay é a mesma que usaria para apoiar qualquer um de seus filhos: é preciso falar, escutar e aprender juntos.

Cada jovem requer coisas diferentes de seus pais. Aprenda a se comunicar com eles a respeito de suas necessidades mútuas.

Alguns pais percebem que podem entender e apoiar melhor seus filhos comparando as diferenças e similitudes com suas próprias experiências. Em alguns casos, pode ser útil falar sobre como lidou com situações difíceis e dolorosas em sua vida. Em outros casos, é importante que considere que a discriminação sexual é dolorosa em um sentido desconhecido para você.

Pode apoiar seu filho(a) se informando sobre o tema das diferentes orientações sexuais e transmitir este aprendizado a todas as pessoas possíveis dentro de seu núcleo social. Não falar nada favorece a discriminação e permite que os mitos e preconceitos subsistam, em nossa sociedade ainda encontramos pessoas encerradas em prisões e instituições mentais por ter manifestado abertamente seus sentimentos homossexuais.

Por outro lado, aos poucos, as coisas estão mudando: cada vez mais aparecem filmes, séries de televisão, programas de vídeo, revistas, livros e outros materiais em que se fala sobre o assunto, o que indica que se começa a incorporar abertamente os homossexuais à vida cotidiana. Esta luta ainda continua e está em todos prosseguir conforme suas possibilidades. Por exemplo, erradicando mitos e preconceitos, ajudando a mudar as leis de forma que sejam mais realistas e justas, lutando pelo direito que cada pessoa tem de ser quem é e não ser estigmatizada por isso, educar outras pessoas que, por ignorância, continuam julgando os outros, apoiar quem vive a mesma situação, formar grupos de ajuda e muitas outras ações.

Seu filho(a) não vai mudar, porém você pode ajudar para que as coisas mudem para ele ou ela, fazendo do seu um mundo melhor. Com a naturalidade que você aceitar, os outros também aceitarão. Se você quer ajudar sua filha(o) homossexual, trate-a com naturalidade, tal qual trataria os outros. Integre-o, junto com seu parceiro, ao álbum de família, caso o tenha.

Há pouco tempo me contaram uma história de Antony de Mello que faz alusão ao perigo de não saber ajudar:

Contam que um macaco andava feliz pelo bosque quando, de repente, pela primeira vez, apareceu diante de seus olhos um rio, o que lhe causou grande curiosidade. Aproximou-se e ao chegar perto viu com horror um peixe. Não podia acreditar: um animal debaixo d'água! O macaquinho ficou muito preocupado, então decidiu que iria salvá-lo. E o que foi que fez? Tirou-o da água e o pendurou em uma árvore.

Esta história é um bom exemplo de como, muitas vezes, guiados por boas intenções e, ao mesmo tempo, por ignorância, tiramos os peixes da água, os quais, logicamente, acabam morrendo.

Para obter uma atitude positiva e apoiar sua filha(o) neste caminho, é importante, primeiro, que você tenha o apoio que isso requer.

A experiência demonstrou que é necessário que os pais tenham alguém com quem partilhar suas dúvidas, idéias, sentimentos e medos.

À medida que você mesmo cure suas próprias feridas, poderá ajudar e se aproximar de sua própria(o) filha(o). Falar sobre o tema com outra pessoa sempre favorece, por isso se formaram grupos de auto-ajuda para compartilhar experiências similares.

Associação de pais de homossexuais

Nos Estados Unidos existe uma associação chamada PFLAG, sigla em inglês para *Parents, Family and Friends of Lesbian and Gays* (Pais, Familiares e Amigos de Lésbicas e Homossexuais).

O PFLAG promove a saúde e o bem-estar dos homossexuais, bissexuais e heterossexuais. Seus postulados são:

- Apoio para resistir frente uma sociedade adversa;
- Educação para combater a ignorância de uma sociedade doente;
- Vocação para acabar com a discriminação e assegurar a igualdade de direitos.

O PFLAG proporciona um espaço para compartilhar opiniões sobre a orientação sexual, atua em prol da criação de uma sociedade sã e respeitadora da diversidade humana e não está filiado a nenhuma organização política, econômica, religiosa ou étnica.

O PFLAG propõe:

- Estabelecer um espaço de segurança e amizade;
- Respeitar a privacidade;
- Escutar os outros membros do grupo;
- Dividir eqüitativamente o tempo de falar de tal forma que seja suficiente para todos;
- Abster-se de dar conselhos ou fazer generalizações;
- Evitar linguagem sexualmente explícita ou ofensiva;
- Compartilhar experiências próprias;
- Não julgar as experiências alheias.

Essa instituição funciona nos Estados Unidos desde os anos setenta. No resto do mundo, estamos começando um novo caminho. Um número significativo de pais e mães está lutando para ajudar a outros que estão na mesma situação e não sabem a quem recorrer, e você pode ser parte deste movimento. No Brasil existem também instituições sérias desenvolvendo bons trabalhos contra a discriminação, procure informar-se.

No Brasil, existem também instituições sérias desenvolvendo bons trabalhos contra a discriminação, procure informar-se. Uma forma de ajudar é divulgar esta informação. Por favor, faça-o.

A homofobia

A homofobia (medo da homossexualidade) penetra em nossa sociedade influenciando nossa maneira de pensar.

Os meios de comunicação raramente apresentam um casal homossexual estável, amoroso, honesto, porque isto ainda não é bem visto pelo público em geral. Enquanto a homofobia continuar existindo, qualquer gay ou qualquer pai, amigo ou familiar de uma lésbica ou gay sentirá medo e terá preocupações.

Mary Griffith: "Estou preparada para enfrentar esses pais que preferem ver seus filhos mortos antes de vê-los homossexuais. Ao escutar esse comentário terrível, eu conto que meu filho se suicidou e sugiro que sejam mais cuidadosos com essas expressões de ignorância e homofobia. Porém, o meu trabalho com o PFLAG vai mais além do grupo de apoio da minha localidade, do qual sou presidente. Eu me converti em ativista das lésbicas e gays por meio do meu trabalho com a federação nacional do PFLAG, uma importante organização que precisa do apoio de pessoas como você e eu, pessoas que se preocupam com a forma injusta que a sociedade trata as lésbicas e os gays.

Os programas do PFLAG relacionados com os meios de comunicação, a aids, e a defesa dos direitos da juventude são vitais para ajudar aqueles que, como meu filho Bobby, estão lutando intensamente contra ua identidade sexual.

É de suma importância para o PFLAG ajudar a salvar vidas jovens. As tentativas de suicídio são três vezes maiores em jovens homossexuais de ambos os sexos do que em outros jovens. Temos que fazer algo a respeito.

Por intermédio do PFLAG, há uma voz de compaixão e esperança para a juventude homossexual, uma voz que deixa saber à sociedade e aos funcionários públicos que a vida de cada criança e jovem tem que ser valorizada e apreciada.

Comecei a defender publicamente a juventude homossexual de várias formas: aparecendo em programas de televisão e rádio, participando de seminários de treinamento para professores e diretores de escola sobre a juventude homossexual, respondendo em público a comentários negativos, como quando alguém diz que ser gay vai contra os valores da família"

A luz no fim do túnel

Mãe: "De repente, vi a confiança que havia sido depositada em minhas mãos e de quanta coragem preciso para corresponder a ela."

Miguel: "É perigoso acreditar que todos deveríamos nos amar porque partilhamos da mesma sexualidade."

Pai: "Tenho que dizer que existem tantas coisas com respeito a isto. Você começa a reconhecer a filha maravilhosa que tem e tudo o que pode partilhar com ela. De repente, você quer fazer parte de sua vida."

Mãe (PFLAG): "A maioria das pessoas são como um trevo de três folhas, tão comuns que ninguém presta muita atenção. Porém, de vez em quando, tropeçamos com um trevo de quatro folhas, uma descoberta diferente e maravilhosa. Eu me lembro de quando era criança, passava horas procurando um trevo de quatro folhas. De vez em quando encontrava algum e punha dentro de um livro para conservá-lo. Era um tesouro que queria trazer comigo e proteger. A minha filha é como um desses trevos de quatro folhas. Sua orientação sexual é diferente da minha. Ela é alguém que valorizo e quero proteger. Um trevo de quatro folhas não é antinatural, simplesmente, não é muito comum e é diferente dos demais. Nunca considerei a possibilidade de arrancar uma folha desses trevos para que ficassem parecidos com os outros."

Pai: "Uma vez que parei de me culpar por ter um filho gay, uma vez que deixei de me torturar pensando na aids, no Xavier tendo relações sexuais com outro homem, no que vai ser da sua vida e da nossa, comecei a perceber que a única coisa que me restava fazer, como pai, era aprender, compreender, aceitar, compartilhar e me comunicar."

Mãe (PFLAG): "Chorei durante meses. Porém ele e eu sempre nos entendemos bem e isso não mudou. Agora nossa relação com Carlos se fortaleceu, porque estamos unidos e conhecemos a adversidade que existe em nossa sociedade. Estou pronta para lutar."

Mãe (PFLAG): "É muito importante falar sobre isso, saber que você não está sozinha, que existem outras pessoas que tiveram uma experiência similar e puderam conduzi-la de maneira positiva. O benefício é conseguir estabelecer uma boa relação com sua(seu) filha(o). Nós, pais e mães, queremos isso. Não queremos ficar isolados de nossas(os) garotas(os)."

Pai: "Quando levanto e digo: 'Tenho uma filha lésbica', estou ajudando outros pais a digerirem a situação e seguirem em frente; tive que fazer isso várias vezes."

Mãe: "Não podia virar as costas a nenhum de meus filhos, sem me importar com o que fizessem de suas vidas. Meu amor por Esteban sempre foi maior que minha ansiedade por causa de sua homossexualidade."

Mãe: "Eu nunca achei que Pepe tinha deixado de fazer parte de nossa vida, porém tinha medo que nós já não fizéssemos parte da sua. Eu me perguntava se ele nos deixaria conhecer sua casa, seu parceiro, seus amigos, pois não queria me separar dele. O tempo me mostrou que eram apenas medos. Agora, estamos mais próximos do que nunca."

Pai: "Já que aceitamos que José é homossexual, deixamos para trás esses sonhos irreais e falsas esperanças. José não tem porque estar numa batalha constante entre o que é e o que os outros acham que deveria ser."

Mãe: "Uma vez que realmente aceitei que Marguerita era lésbica, comecei a sentir que isso não era tão importante. Deixei de me lamentar pelo que não vai ser, pelos filhos que talvez não tenha, pelo casamento que não irá se realizar e comecei a usufruir o que ela é e o que pode me dar."

Pai: "Consegui aceitar a homossexualidade de meu filho menor quando descobri que não havia nada que pudesse fazer a respeito, além de aceitar e respeitar."

Pai: "Agora não estou mais enraivecido com meu filho, estou enraivecido com a sociedade. Eu acho que é a sociedade que tem de mudar."

Mãe: "Não tinha me dado conta do quanto minha filha é maravilhosa, em todos os sentidos. Às vezes, nem me lembro de que é homossexual e acho que já não me importo."

Mãe: "Tomei consciência que José Antônio, antes de ser homossexual, é uma pessoa, e assim pude ver tudo o que ele conseguiu na vida. Na verdade, eu o admiro."

Mãe: "Depois de conhecer meu filho, me sinto feliz, porque conseguiu encontrar seu lugar encarando a adversidade. Não sei de onde tirou sua força, eu sempre fui um tanto medrosa."

Mãe: "Fiquei comovida. Maria, minha filha, trabalha pelos direitos humanos e ajuda outros homossexuais a viverem melhor. Atualmente, eu faço o mesmo."

Mãe: "Finalmente, entendi que a única diferença entre a relação de Fernando e Antônio e a minha com meu marido é a orientação sexual."

Pai (PFLAG): "Depois de saber tudo o que meu filho teve de passar, sinto raiva dos pais que põem seus filhos na rua, deixando-os deprimidos, chegando, inclusive, ao suicídio."

Pai (PFLAG): "Passei muito tempo tentando me conciliar com tudo isto. O que me ajudou foi que não podia conceber minha vida sem minha filha."

Mãe: "Agora me sinto orgulhosa da minha filha. Sei que foi difícil para ela."

Mãe (PFLAG): "Fico muito contente que Karen tenha decidido seguir sua natureza, e não lutar contra ela, de outra forma sua vida seria infeliz indefinidamente."

Mãe: "Não é injusto que as pessoas tenham de viver sentindo-se infelizes só porque a sociedade nega e condena algo que não prejudica ninguém?"

Mãe: "Conhecer gays foi uma das experiências mais enriquecedoras da minha vida."

Em algum momento da história se fizeram debates ideológicos para determinar se as mulheres tinham alma ou não, se os canhotos eram possuídos pelo demônio ou não, se os judeus tinham chifres ou não, se os negros pensavam ou não. Entretanto, no princípio do século XX constava nos livros de medicina que as mulheres não tinham nenhum prazer sexual, além de alertar que, se alguma chegasse a sentir algo, requereria atenção imediata.

Como é possível que coisas assim aconteçam? A resposta é muito simples: estas teorias foram criadas por homens brancos, aristocratas, que não se preocuparam em investigar, aprender, perguntar, mas que chegaram a estas conclusões partindo do que acreditavam. O grande erro foi não se aproximar e conviver com as pessoas para saber quanto disto é ou não verdade.

Muitas hipóteses de como são os homossexuais surgem de heterossexuais que, às vezes, desconhecem o assunto e, em outras, – como mencionamos – não conhecem a experiência homossexual, senão a do paciente homossexual. Espero que os depoimentos apresentados tenham lhe servido justamente para aprender mais com os seres humanos do que com os livros. A ignorância é a pior doença da humanidade. Muitos dos nossos medos e idéias advêm de situações que nem sequer imaginamos. A sociedade nos incute idéias sobre as quais nem refletimos, e somente nos limita a aceitá-las como um fato.

Uma vez me contaram uma história sobre um salame, que é relevante para este assunto. Depois do casamento da filha, a mãe se aproximou com a intenção de ensiná-la nas prendas do lar e lhe mostrou o jeito de preparar o salame tradicional da família. Enquanto explicava a receita para aprendiz, de repente, esta perguntou: "Por que você corta as pontas do salame na hora de levá-lo ao forno?" Ao que a mãe respondeu: "Não sei. Por que você pergunta? Esta é a tradição: as extremidades são cortadas e é assim que se faz um bom salame. Minha mãe também corta as pontas e foi ela quem me ensinou." Porém, a mãe ficou intrigada e quis esclarecer a dúvida e foi até sua mãe para perguntar por que são cortadas as extremidades do salame. Quando a avó escutou a pergunta, não podia acreditar: "Como alguém se atreve a perguntar algo assim? Que pergunta é essa? Assim é a receita, as pontas do salame devem ser cortadas e isso é tudo. A gente não sai pela vida perguntando o porquê de tudo. A única coisa que sei é que é assim que se faz e pronto. Minha mãe me ensinou e durante anos temos comido assim." No entanto, a pergunta continuava aí, esperando uma resposta convincente. Então, a avó se armou de coragem e foi visitar sua mãe que, por sorte, ainda vivia, para perguntar por que se cortam as pontas do salame. A bisavó, ao escutar a grande dúvida que havia transcendido várias gerações, sorriu e respondeu: "Filhinha, eu corto as pontas do salame porque a travessa que você me deu é muito pequena e não cabe." Este pode ser um bom exemplo de como situações e comportamentos que em algum momento da vida tinham uma razão de ser, atravessam gerações sem ser questionados.

Ter um filho ou uma filha gay faz com que pais, familiares e amigos se questionem. Muitas vezes é necessário destruir algumas crenças, valores e idéias, para construir algo mais apropriado para a situação de vida que se apresentou.

Mãe: "Uma vez que soube que meu filho é gay, analisei uma série de coisas a fim de compreendê-lo, porém, aos poucos, percebi que faltava compreender coisas em mim. Em minha vida tinha como óbvias muitas coisas que não me agradavam."

Mãe: "Quantos 'certo' e 'errado' engoli sem questionar. Agora, estou formando uma nova imagem do que é ser uma boa pessoa..."

Os gays existem, e continuarão existindo, apesar dos insultos, das terapias, dos medos, dos mitos, dos juízes, das investigações...
Nem sempre conseguimos entender tudo. Se você somente respeitar e aceitar que existem outros que têm uma verdade diferente da sua, porém igualmente valiosa, fará o suficiente.

Com o passar do tempo irá aprendendo que, no final das contas, não somos tão diferentes. Na vida dos homossexuais, existe a mesma variedade e complexidade que existe na vida dos heterossexuais. Reflita: ser gay é, na verdade, tão importante?

Amigo: "Uma vez disse a um amigo: 'Querido amigo, não tenho nenhum problema com o fato de você gostar de homens, porém, por mais que tente não consigo entender' e ele respondeu: 'Querido amigo, que bom que você mencionou isso, pois há algum tempo tenho a mesma preocupação. Você sabe que não me incomoda o fato de que não seja gay, porém, por mais que tenha tentado, não consigo entender como você gosta de mulheres. Mas, de qualquer modo, não me incomoda que você seja heterossexual'. Então, percebi que a mim também não incomoda que ele seja homossexual."

Lembre que o termo homossexual descreve um sentimento ou uma ação, não uma pessoa.

As preferências sexuais não são muito diferentes umas das outras, praticamente são iguais.

Vivemos num mundo de diversidade. Quem não se deu conta disto, ainda não o conhece.

Os terapeutas

A postura humanista trabalha com a pessoa, não com o que esta deveria ser. É recomendável ser cuidadoso com temas relacionados com a sexualidade, especialmente com a orientação sexual das pessoas. Viemos de uma longa tradição de medos, mitos, vergonhas e culpas com respeito a este tema, portanto, quando alguém não está à vontade com sua sexualidade, é de suma importância não aceitar esse incômodo, pois pode estar mais relacionado a um conceito do que a uma experiência.

A exploração profunda é indispensável. Mitos, preconceitos, culpas e medos se filtram muito sutilmente. Portanto, temos que adentrar até chegar ao real e autêntico da pessoa. Como terapeuta, procure não influenciar seu paciente com seus próprios valores sobre a sexualidade, sobretudo no que diz respeito a conceitos de "bom" e "mau". A única coisa considerada como "bom" é o que agrada cada pessoa em particular, independentemente de estar de acordo ou não. O fator essencial é não prejudicar terceiros.

Se você vai trabalhar com homossexuais, é necessário que conheça o assunto e reexamine sua própria homofobia.

Conclusão

Até hoje não se conhece uma causa específica para a homossexualidade. Porém, o que sabemos é que quando uma pessoa nos diz que é gay, apenas está descrevendo que, nos seus relacionamentos, sente atração erótica e afetiva por pessoas do mesmo sexo. Os outros aspectos de sua vida, provavelmente, seriam iguais se fosse heterossexual: gostaria da mesma comida, é muito possível que teria a mesma profissão, certamente, teria feitos os mesmos estudos. Enfim, o tipo de pessoa que é não tem nada a ver com o fato de ser homossexual. Não permita que seu filho ou filha use a orientação sexual para não ser uma pessoa produtiva. Verifique quais são seus planos de vida (não os que você tem para ele ou ela), acompanhe-o(a) e apoie-o(a).

Escute e aprenda: se sua filha(o) é adolescente e disse que é homossexual, provavelmente, é verdade. Trate-o(a) como os outros. Não seja condescendente, nem o persiga. Ser gay é uma condição de vida como tantas outras. Lembre-se que a heterossexualidade não é garantia de nada na vida: nem de ser aceito, nem de ter um bom companheiro(a), ou um bom trabalho, ou ser uma boa pessoa.

Anexo 1
Cartilha dos direitos humanos contra a discriminação pela orientação sexual

Ser gay, lésbica, bissexual, transexual ou transgênero não constitui delito algum.

Os gays, as lésbicas, os bissexuais, os transexuais e os transgêneros tradicionalmente têm sido discriminados, estigmatizados e marginalizados, apesar de que do ponto de vista legal gozam dos mesmos direitos que qualquer pessoa. Se você pertence a qualquer um destes grupos, lembre-se que tem direito a:

- Preservar a manifestação da sua orientação sexual perante qualquer autoridade;
- Receber o mesmo tratamento que qualquer outra pessoa, independentemente da sua orientação sexual;
- Receber educação livre de fanatismos, estigmas e preconceitos relativos à orientação sexual;
- Proteção da saúde, independentemente da orientação sexual;
- Receber serviços médicos e hospitalares adequados e de qualidade;
- Receber atenção eticamente responsável e um tratamento digno por parte das pessoas encarregadas de prestar serviços de saúde;
- Manifestar discordâncias a respeito da prestação de serviços de saúde inadequados;
- Não ser submetido, sem livre consentimento, a tratamentos médicos ou científicos para modificar sua orientação sexual;

- Dedicar-se à profissão, indústria, comércio ou outro trabalho que lhe agrade, desde que sejam lícitos, independentemente da orientação sexual. Permanecer e ascender em seu trabalho, bem como receber um salário e pagamento igual pelo mesmo;
- Manifestar livremente suas idéias, escrever e publicar textos sobre qualquer tema, sem maiores limites do que o respeito à vida privada dos outros;
- Formular petições e obter audiência junto às autoridades competentes, com o objetivo de exigir respeito, proteção e defesa de seus direitos como pessoa com orientação sexual determinada;
- Associar-se ou reunir-se pacificamente, com qualquer objetivo lícito, e transitar livremente dentro do território nacional sem ser incomodado por nenhuma autoridade por motivo de aparência, indumentária ou orientação sexual;
- Não ser atacado, em sua pessoa, documentos ou patrimônio, independentemente da orientação sexual, sem mandado lavrado e expedido por autoridade competente;
- Não ser privado da vida, da liberdade, de propriedades, patrimônio ou direitos em razão da orientação sexual;
- Não ser submetido a torturas, nem sofrimento ou tratamento desumano ou degradante, em razão da orientação sexual;
- Receber os benefícios da justiça com presteza, de forma isenta, gratuita e imparcial, sem importar a orientação sexual;
- Não considerar a orientação sexual como agravante de nenhum delito ou infração;
- Adotar a crença religiosa que escolher, sem ser discriminado por sua orientação sexual;
- Não perder o pátrio poder de seus filhos(as) apenas pelo fato de ser gay, lésbica, bissexual, transexual ou transgênero;
- Fazer testamento – sem limitações derivadas da sua orientação sexual – para deixar bens, direitos e obrigações a qual-

quer pessoa por você designada, ou receber herança de qualquer pessoa;
- Não ser discriminado ou denegrido publicamente, e que não seja proibida a sua entrada em nenhum lugar, ou evento público, somente por sua orientação sexual.

Anexo 2
O ponto de vista religioso

A pesquisa seguinte, realizada pelo PFLAG (Pais e Amigos de Pessoas Homossexuais e Lésbicas nos Estados Unidos) com respeito às três perguntas mais comuns feitas pelos pais a seus ministros religiosos sobre a homossexualidade.

1. Na sua opinião, a homossexualidade é considerada um pecado?
2. Na sua opinião, as Sagradas Escrituras se opõem à homossexualidade?
3. Na sua opinião, Deus aprova que um casal homossexual de homens ou mulheres reconheça seu amor perante Ele em uma cerimônia religiosa, e que criem filhos?

Para encontrar as respostas foram entrevistados religiosos preeminentes, considerando-se que estas três perguntas geram controvérsias, mesmo naqueles que pertencem à mesma fé, denominação, paróquia ou sinagoga.

Não se pretende apresentar uma estatística da visão dos líderes religiosos de todas as nações, apesar de se ter escolhido um vasto grupo de religiosos de crenças distintas.

As respostas incluídas a seguir refletem apenas suas opiniões pessoais, não necessariamente a de suas congregações religiosas.

Foi pedido aos entrevistados que, em caso de alguém ser gay, lésbica ou bissexual, se abstivesse de responder, consciente de que se o fizesse nos privaríamos da sabedoria de muitos eruditos religiosos. A finalidade era evitar qualquer crítica no sentido que as respostas tivessem sido tendenciosas, em proveito próprio. Os dados curriculares dos teólogos entrevistados estão disponíveis através do PFLAG.

Estas foram as respostas de algumas das autoridades religiosas:

A homossexualidade é considerada um pecado?

Batista, reverendo doutor William R. Satayton: absolutamente não! Não existe nada na Bíblia, ou na minha própria teologia, que me faça pensar que Deus considera a homossexualidade um pecado. Deus está interessado nas relações que estabelecemos com nós mesmos, com os outros, com as coisas que acontecem em nossas vidas e com Ele mesmo (Mateus, 23:36-40). Não há na mente de Deus nada que seja contra o amor, as relações sexuais e a liberdade dentro dessas, sem coerção, ainda que estes adultos sejam gays, lésbicas, bissexuais ou heterossexuais.

Católica apostólica romana, irmã Mary Ann Ford: há duas verdades especialmente relevantes: primeiro, temos um ponto teológico, Deus. Ele, que realizou toda a Criação, ama e aprecia todas as criaturas, sem exceção. Em segundo lugar, a psicologia moderna nos ensina que a orientação sexual se estabelece na idade de cinco a seis anos. Muitos psicólogos concordam em que não se trata de escolha, já que a orientação se dá ao nascer, como alguns pensam, ou é adquirida nos primeiros anos, como dizem outros. Como então poderia um Deus de amor violar a natureza divina e considerar pecadores os homossexuais?

Católica apostólica romana, irmã Jeanine Gramick: Deus criou pessoas que se sentem romântica e fisicamente atraídas pelo mesmo sexo e, também, as que se sentem atraídas pelo sexo oposto. Algumas pessoas, talvez a maioria, estão descobrindo que todos sentimos atração pelos dois sexos. Todos estes sentimentos são naturais e considerados bons e abençoados por Deus. Estes sentimentos e atrações não são pecado.

A maioria dos teólogos atuais sustenta que o comportamento homogenital, assim como o heterogenital, é bom e santo aos olhos de Deus, quando é a expressão de um amor especial e único de uma pessoa para a outra. Ambas as expressões genitais, homossexuais ou heterossexuais, podem ser pecaminosas se são manipuladoras, desonestas ou desprovidas de amor.

Católico apostólico romano, reverendo C. Robert Nuget: não considero que a homossexualidade seja um "pecado". Estudos científicos contemporâneos demonstraram que a homossexualidade está ligada à identidade psicossexual de algumas pessoas, que a vivem de maneira tão natural, quanto outras vivem sua heterossexualidade. Se a homossexualidade significa ter laços amorosos, acho que, considerando-se que Deus é amor, onde há amor verdadeiro Deus está presente e onde Deus está presente não pode haver pecado.

O pecado pode existir tanto na homossexualidade quanto na heterossexualidade, dependendo do uso que cada um lhe queira dar. Para algumas pessoas o comportamento sexual é coercitivo, manipulador, desonesto, egoísta ou destrutivo para a individualidade da pessoa. Aí sim, se poderia falar em pecado. Ao comentar o pecaminoso em alguns gêneros de expressão genital, o bispo católico de Washington diz que "Ninguém, exceto Deus, todo poderoso, pode fazer certos julgamentos sobre a qualidade pecaminosa pessoal dos atos" ("Os preconceitos contra a homossexualidade e o ministro da Igreja" conferência católica do estado de Washington, 1983).

Episcopal, bispo John S. Spong: alguns argumentam que o desenvolvimento da homossexualidade "não é natural", que é "contrário à ordem da criação". Atrás destas declarações estão conceitos estereotipados da masculinidade e feminilidade, que refletem os rígidos gêneros categóricos de uma sociedade patriarcal. Não há nada que seja antinatural quando se trata de partilhar o amor e, mesmo que diga respeito a seres do mesmo sexo, se esta experiência une duas pessoas num estado de intimidade total. Estudos recentes descobriram novos fatores que produzem uma crescente convicção de que a homossexualidade, longe de ser uma doença, pecado, perversão ou algo antinatural, é saudável, natural, uma forma assertiva de sexualidade para algumas pessoas, um fato natural em uma parte significativa das pessoas e é imutável.

Nossos preconceitos rejeitam tudo aquilo que está fora de nosso entendimento, porém o Deus da criação fala e declara: "Vi tudo quanto criei e na verdade vos digo que é muito bom"(*Gênesis, 1:31*). O mundo de Deus em Cristo diz que somos amados, valorizados, redimidos e considerados como valiosos, não importando o que diga o mundo preconceituoso.

Episcopal, bispo R. Stewart Wood Jr.: a orientação sexual nos foi dada. É algo que descobrimos por nós mesmos, não que escolhemos. Poderia ser chamada de "um presente de Deus" a maneira que nós nos relacionamos com outros. É na preocupação ou na exploração que se encontra o recurso para o pecado.

Igreja Unida de Cristo, doutora Karen Lebacqz: o que Deus considera pecado é a opressão, a injustiça, a perseguição, a falta de respeito pelas pessoas. Pecado é a homofobia. A legislação é discriminatória contra as lésbicas, gays e os bissexuais, é vergonhosa. Há recusa de aceitá-los em nossas igrejas e comunidades. Limitar qualquer pessoa, seja por razões de raça ou orientação sexual, é formar um gueto. Isto sim é pecado.

Igreja Unida de Cristo, reverendo doutor James B. Nelson: estou convencido de que nossa sexualidade e preferências sexuais, quaisquer que sejam, são um presente de Deus. O pecado sexual não está enraizado em nossa orientação ou preferência, mas sim, na forma como nos expressamos sexualmente, se magoamos, oprimimos, ou se usamos os outros para nossas próprias gratificações egoístas. Estou convencido de que quando nos expressamos de uma maneira amorosa, justa, responsável e fiel, Deus celebra nossa sexualidade, a despeito de nossas preferências.

Judia reformista, rabina Janet R. Marder: o Deus que eu adoro avaliza o amor. Ele nos fala das relações monogâmicas sem importar o sexo que tenham os envolvidos.

Judeu reformista, rabino doutor Davi Teutsch: a homossexualidade, assim como a heterossexualidade, é um fato natural da orientação sexual, que pode se expressar em caminhos éticos e menos éticos. Em si, o amor homossexual não é pecado.

Judeu reformista, rabino Jeffrey Lazar: primeiro de tudo, não sei o que Deus opinaria a respeito. Na minha opinião, a homossexualidade não é um pecado, é uma alternativa de estilo de vida. Por outro lado, a homossexualidade não é imoral. O que poderia ser considerado imoral é quando o sexo é utilizado para corromper, explorar ou é utilizado por razões egoístas para machucar alguém.

Judeu tradicional independente, rabino Mark H. Wilson: não, enquanto for uma manifestação de uma relação amorosa respeitável, não abusiva, responsável, segura e honesta.

Luterano, bispo Stanley E. Olson: claro que não. Deus não dá importância se estas ou aquelas categorias humanas não se encaixam, segundo as normas, dentro do estabelecido. Deus criou a todos e ninguém parecido. A diversidade é maravilhosa na criação. Nosso jeito de andar pelo caminho de nossas vidas, positiva ou negativamente, concerne somente a Deus. Ser homossexual ou heterossexual não nos faz mais divino ou menos divino. O Novo Testamento está cheio de versículos que falam de como Cristo criou uma nova unidade mais além de nossas divisões: "Já não há judeu nem grego, não há nem escravo nem livre, não há homem ou mulher, todos vocês são um único ser em Cristo Jesus"(*Galatas*3:27,28). O evangelho é muito amplo, muito mais do que imaginamos ou acreditamos.

Metodistas unidos, reverendo professor doutor John B. Cobb: certamente sentir-se atraído por pessoas do mesmo sexo não é em si um pecado. Porém, com freqüência, é pecaminosa a maneira como nos comportamos em nossas atrações em relação a qualquer tendência sexual. O ideal é ser responsável e fiel, não auto-indulgente. Infelizmente, a sociedade não promove relações responsáveis e de fidelidade com pessoas do mesmo sexo. Isto torna a situação mais difícil para os homossexuais.

Metodistas unidos, bispo Melvin Wheatley: claro que não! A evidência à nossa volta identifica a homossexualidade como uma orientação sexual natural para uma porcentagem significativa de pessoas, assim como a heterossexualidade é a orientação para a grande maioria. A homossexualidade é uma condição autêntica de ser, com a qual Deus dota algumas pessoas, não um estilo opcional de vida que escolheram por vontade, capricho ou pecado. Certamente a própria sexualidade – hetero ou homo – pode se manifestar em comportamentos que são pecaminosos: violentos, abusivos, egoístas, superficiais. Porém, a orientação homossexual, bem como a heterossexual, pode se manifestar de maneiras belas: ternas, compromissadas, responsáveis, leais e profundas.

Mórmon precedente, doutor Carl D. McGrath: minha sexualidade é um dom de Deus que inclui atração e desejos naturais. No trajeto da infância à fase adulta, parte do meu trabalho era experimentar meu erotismo em caminhos que me fizessem capaz de descobrir quem realmente era, não o que a sociedade dizia que eu deveria ser. Eu acho que o Criador de nossas atrações eróticas naturais, seja entre pessoas do mesmo sexo ou oposto, vê nosso erotismo como uma intrínseca e bela parte do que Ele pretende que sejamos. Deus não teve o propósito de que houvesse apenas uma forma de sexualidade. Mesmo em heterossexuais não existe apenas um "bom" caminho para sua existência sexual, este provém do nível básico da Criação de Deus. Acho que Deus fica contente quando respondemos à nossa única forma de sexualidade na diversidade que oferece à vida. Acho que a realização da vida acontece quando as relações sexuais refletem um alto grau de entrega mútua, amor e justiça.

Presbiteriano, doutor George R. Edwards: Deus não considera a homossexualidade um pecado. Pecado é uma falta de respeito ao amor a Deus, e falta de respeito e amor pelas outras pessoas. Por isso, nós podemos pecar contra Deus ou contra as pessoas, independentemente de serem gays ou heterossexuais. Mas Deus nos perdoa quando pecamos e nos fortalece para rejeitar o pecado. Ele nos perdoa com amor e respeito, ainda que os outros não gostem.

Presbiteriano, reverendo Harry L Holfelder: não, não acho que Deus considere a homossexualidade um pecado. Eu acho que a preferência sexual é, primeiro, uma questão biológica (criação) e, em segundo lugar, uma questão de opção (responsabilidade). Acho que tudo o que Deus faz é bom. Concluindo, a sexualidade humana é boa ainda que esta expressão sexual esteja voltada para qualquer gênero.

Universalista unitário, reverendo doutor Willian F. Schultz: não, não acho. Em primeiro lugar, não acredito num Deus antropomórfico que defina e delineie o comportamento pecaminoso, e mesmo que fosse assim, não consigo acreditar num Deus que rejeita qualquer um de seus filhos baseando-se em orientações afetivas. Se fosse assim, esse tal Deus não seria aquele a quem eu prestaria homenagem.

Na sua opinião, as Sagradas Escrituras se opõem à homossexualidade?

Batista, doutor Stayton: não há nada na Bíblia que se refira à preferência homossexual. De fato, a Bíblia não se ocupa das preferências e orientações sexuais. Mas, sim, provavelmente se pronuncia contra as violações de grupos, a prostituição masculina por motivos religiosos ou pederastia (sexo entre um adulto e um menor). Eu dirijo programas de estudo da Bíblia sobre este tema e estou convencido de não há referências a ele.

Católica apostólica romana, irmã Ford: os especialistas bíblicos contemporâneos indicam que a existência da orientação homossexual era desconhecida para as Escrituras. Certamente, não tinham conhecimento das pesquisas de Kinsey, as quais estabeleceram a existência de um contínuo desenvolvimento, no qual todos nós estamos situados em algum lado entre as polaridades da heterossexualidade total, passando pela bissexualidade em direção à homossexualidade exclusiva. Muitas das "passagens condenatórias", freqüentemente citadas, puderam mostrar que os heterossexuais reagem ante a violação de "sua natureza". Também há questionamentos a respeito do sentido das palavras que aparecem em nossos textos, que em alguns casos, nos idiomas originais, referem-se não aos homossexuais, mas sim aos prostitutos que eram usados em adorações pagãs.

De fato, em nenhum lugar, a Bíblia trata do assunto da atividade amorosa sexual nas relações de compromisso entre adultos.

Católica apostólica romana, irmã Gramick: na verdade, ao ler as Escrituras não existe nada afirmativo a dizer sobre o comportamento homogenital. No entanto, a maioria dos cristãos não interpreta a Bíblia literalmente, e sim, tentam entender as Escrituras dentro de seu contexto histórico e cultural, e ver o significado que tem para nós nesta época.

As Escrituras foram feitas há dois mil anos ou mais, quando não havia nenhum conhecimento da condição homossexual. Os que as fizeram, achavam que toda gente era heterossexual por natureza, então contemplaram a atividade homossexual como antinatural. As mulheres de hoje apontam que a inferioridade das mulheres que é expressa nas Escrituras foi produto da época em que se escreveu a Bíblia.

Na nossa época, esta crença não pode prevalecer, agora que já estamos apreciando a igualdade entre homens e mulheres.

Da mesma forma que sabemos que a homossexualidade é tão natural quanto a heterossexualidade, já que ambas as orientações foram dadas por Deus, percebermos que os mandatos Bíblicos sobre a homossexualidade estiveram condicionados pelas atitudes e crenças acerca desta expressão sexual, as quais foram mantidas sem o benefício de centenas de anos de compreensão e conhecimento científico.

É injusto da nossa parte ter a pretensão de impor a mentalidade e a compreensão do século XX acerca de gêneros, raças e orientações sexuais, aos que escreveram a Bíblia. Devemos ter a capacidade de distinguir entre as verdades eternas que ela se propõe a transmitir e as formas e atitudes expressas em muitas de suas passagens.

Católico apostólico romano, reverendo Nugent: o catolicismo utiliza quatro fontes de princípios e orientação para questões éticas, tais como a homossexualidade: as Escrituras, a tradição (teólogos documentos eclesiásticos, ensinamentos oficiais...), a razão e a experiência humana. Todas são utilizadas em conjunto. As Escrituras são a fonte principal – ainda que não a única – e a primeira fonte bibliográfica católica. Os testemunhos bíblicos são levados a sério, mas não literalmente: individualmente, um texto da Escritura deve ser compreendido e situado no contexto amplo do seu idioma original e cultural. Os vários níveis de significado e a ampliação dos textos às realidades contemporâneas, à luz dos papéis da comunidade e do papel de liderança oficial, podem proporcionar interpretações válidas. Ambas as Escrituras, a judaica e a cristã, falam negativamente das relações de um mesmo gênero (em geral o masculino) e do comportamento sexual (não precisamente do amor entre dois do mesmo gênero), sobretudo quando estão relacionadas com adoração idólatra, violação, degradação, luxúria e prostituição. O fato de as Escrituras condenarem todas e cada uma das formas de expressão sexual do mesmo gênero, delas e deles, para todos os tempos, lugares e indivíduos, é o tópico de sérias discussões, debates teológicos e bíblicos. As expressões entre o mesmo gênero, fiéis e responsáveis, com amor e em uma relação de compromisso entre duas pessoas, é algo não contemplado pelas Escrituras. Esta forma de homossexualidade, os princípios bíblicos ou antropológicos da sexualidade e pessoais, em vista dos conhecimentos científicos atuais, e a experiência humana acerca da orientação homossexual, são temas-chave que as Igrejas e os grupos religiosos enfrentam hoje em dia.

Episcopal, bispo Spong: existem algumas breves referências bíblicas sobre a homossexualidade. A primeira história é a de Sodoma e Gomorra, freqüentemente usada para provar que a Bíblia condena a homossexualidade. No entanto o pecado real de Sodoma e Gomorra foi a falta de vontade dos homens da cidade de praticar as leis da hospitalidade. A intenção era insultar o estranho, forçando-o a exercer o papel feminino no ato sexual. A narração bíblica aceita a oferta de Ló, oferecer suas filhas virgens para satisfazer a demanda sexual do povo. Quantos diriam: "É este o mundo do Senhor?" Quando se cita a Bíblia, é conveniente que se leia o texto completo.

O Levítico, nas Escrituras hebraicas, condena o comportamento homossexual, pelo menos entre os homens. "Abominável" é a palavra usada neste livro para descrever a homossexualidade, é a mesma palavra usada para descrever uma mulher menstruada.

Paulo é a fonte mais citada na batalha para condenar a homossexualidade (Romanos, 1:26-27 e Coríntios, 6:9-11). Porém, a atividade homossexual era considerada um castigo imposto aos idólatras e por sua falta de fé em Deus. A homossexualidade não era um pecado, mas um castigo.

Em Coríntios, 6:9,11, Paulo deu uma lista daqueles que não herdariam o reino de Deus, e nela incluiu os imorais, idólatras, adúlteros, pervertidos sexuais, ladrões, cobiçosos, bêbados, injuriadores. Pervertido sexual é a tradução de duas palavras. E, possível que a justaposição de *malakos* (suave, afeminado) com *arsenokoitous* (prostituto masculino), fosse usada para referir-se ao homem ativo e passivo na relação homossexual. Deste modo, parece que Paulo não aprova o comportamento homossexual, porém, a opinião de Paulo foi correta a respeito da homossexualidade, ou estava limitada pela falta de conhecimento científico de sua época, invadida por preconceitos causados pela ignorância?

Uma análise de outras conclusões e suposições de Paulo nos ajudará a responder essa pergunta. Quem concordaria hoje com as atitudes anti-semitas, com as crenças que a autoridade do Estado não pode ser questionada, ou que todas as mulheres devem cobrir-se com um véu? Nestas atitudes, o pensamento de Paulo foi questionado e transcendido pela Igreja. Será o comentário de Paulo sobre a homossexualidade mais absoluto do que algumas de suas outras idéias, antiquadas e condicionadas culturalmente?

Mais três referências do Novo Testamento, em *Timóteo, Judas* e *Pedro II*, limitam-se a condenar a escravidão masculina em primeira instância e a mostrar exemplos (Sodoma e Gomorra) da destruição de Deus e dos hereges que não acreditam (em Judas e Pedro II, respectivamente).

Isto é tudo o que as Escrituras têm a dizer sobre a homossexualidade. Mesmo que a pessoa seja um intérprete literal da Bíblia, não há nenhuma causa, nada senão os preconceitos surgidos da ignorância, que atacam aquelas pessoas cujo único crime é ter nascido com uma predisposição sexual imutável em relação a pessoas do mesmo sexo.

Episcopal, bispo Wood: Tenho consciência dos atos homossexuais e não vejo nenhuma citação ou orientação a respeito nas Escrituras.

Igreja Unida de Cristo, doutora Lebacqz: sim e não, no mesmo sentido em que as Escrituras se opõem ao uso de diferentes materiais na roupa, comer carne de porco e algumas outras carnes e que as mulheres falem na Igreja. Isto é, as Escrituras são um produto humano que reflete as limitações culturais de sua época, falam negativamente de um número de atividades que hoje são aceitas rotineiramente, incluindo determinadas práticas sexuais. Alguns desses comportamentos sexuais são levados a cabo em ambos grupos, heterossexuais e homossexuais.

As Escrituras não falam do fenômeno que hoje chamamos de homossexualidade, mas sim de comportamentos como a prostituição no Templo. Não faz alusão a orientações básicas de relações amorosas e compromissos.

Igreja Unida de Cristo, doutor Nelson: as Escrituras não dizem nada da homossexualidade como orientação psicossexual. Nossa compreensão de orientação sexual é significativamente mais moderna que a dos que fizeram as Escrituras.

Algumas destas passagens estão sujeitas aos tipos de expressões ou atos entre o mesmo sexo. Os atos particulares em questão podem ser expressões sexuais de exploração, opressivas, comercializadas ou ofensivas para os antigos rituais de pureza. Não há nenhuma Escritura que oriente sobre as relações baseadas no amor entre pessoas do mesmo sexo. A orientação destas relações deve ser regida pelas mesmas normas gerais das Escrituras, que são aplicadas às relações heterossexuais.

Judia reformista, rabina Marder: acho que a Bíblia hebraica condena fortemente a homossexualidade. Embora isto seja parte da minha tradição, não considero as leis bíblicas, nem as ligo a mim. A condenação bíblica da homossexualidade se baseia na ignorância humana, em suspeitar daqueles que são diferentes e em um sombrio compromisso com a sobrevivência humana. Posto que a Bíblia considera a homossexualidade como crime capital, pressupõe claramente que se trata de um fato de liberdade de escolha, uma deliberação da rebelião contra Deus. Aprendemos pela ciência moderna que as pessoas não escolhem sua orientação sexual e, em conseqüência, não existe uma lógica ou moral que condene todos aqueles cuja natureza é ser homossexual ou bissexual.

Judeu reformista, rabino doutor Teutsh: as referências bíblicas à homossexualidade não incluem nada sobre o lesbianismo. Objeta-se à homossexualidade com respeito à prostituição e a "desperdiçar a semente". A homossexualidade demonstrou ser natural em animais e humanos. Desperdiçar a semente é algo que fazem tanto os heterossexuais, como os homossexuais, com a masturbação e com cada contato sexual em que a finalidade não seja a procriação, o que não é problema para mim. Assim é que, não confiro mais importância a esta proibição do que a muitas outras, como aquilo de ser contrário ao que empresta dinheiro ou a sair aos sábados. Não acho que isto faça sentido em nosso tempo e lugar.

Judeu tradicional independente, rabino Wilson: só naqueles tempos a homossexualidade era entendida como a manifestação de abusos em práticas associadas com idolatria e cultos de fertilidade. Assim, era abominável pela associação e não pela relação em si. Também por não ser procriadora, não era compreensível em tempos decisivos quando a procriação tinha a maior prioridade.

Luterano, bispo Olson: os estudiosos da Bíblia se dedicam a reler os poucos versos que se consideram ser contrários à homossexualidade. Uma coisa é clara: estes poucos versos não se referem à homossexualidade como é conhecida hoje, nem com o termo como é conhecida. Os textos bíblicos falam contra a exploração sexual e a violação, sejam elas cometidas por heterossexuais ou homossexuais. A grande mensagem das Escrituras é o amor ilimitado que Deus tem pela família humana. Se Deus tem uma preferência, é pelo "mais frágil", "o perdido" e "o último". Deus se maravilha na graça, compaixão e salvação que está feita para todos.

Jesus é muito claro no seu Evangelho, mais além das limitações e denominações da Igreja. Ele diz: "Tenho outra ovelha que não é deste rebanho. Devo trazê-la também, porque de todos farei um rebanho com um mesmo Pastor" (João 10:16). Aqui tem uma lista de versículos, onde os direitos foram igualados, tanto para homossexuais como para heterossexuais. Cristãos: João, 3:16; Gálatas, 3:27; Efésios, 2:8,9; Romanos, 3:21,24; Atos, 10.

Metodistas unidos, doutor Cobb: certamente alguns escritores da Bíblia se opõem à homossexualidade, porém é surpreendente que este tópico tenha tido tão pouca atenção. A oposição da Igreja provém de outras fontes e não precisamente das Escrituras. Existem mais razões que se opõem à homofobia do que à homossexualidade em si.

Metodistas unidos, bispo Wheatley: em nenhum ponto das Escrituras a homossexualidade é tratada como uma autêntica orientação sexual. As poucas referências notáveis à "homossexualidade" falam dos atos homossexuais, mas não de preferências homossexuais. Estes atos eram qualificados como maus no contexto dos escritores, que os viam como algo "não masculino", idólatra, explorador ou pagão. O tipo de relações entre dois adultos do mesmo sexo que existem em quantidade entre nós — relações que são mútuas, responsáveis e plenas — não são abordadas nas Escrituras. Empreendemos agora a tarefa de realizar tratados sobre as relações deste tipo.

Mórmon precedente, doutor McGrath: as Escrituras da minha tradição religiosa incluem a Santa Bíblia, *O Livro dos Mórmons*, *Doutrinas e Acordo* e *A pérola do melhor preço*. Existem cinco referências na Bíblia com as quais cresci, acreditando que eram as provas das Escrituras contra a homossexualidade. Agora acho que pode ter sido um erro basear minhas conclusões da homossexualidade nestas referências, pelas seguintes razões:

- Segundo o que aprendi ao viver minha vida, acho que essas referências da Bíblia não falam da verdade que experimentei na visão que Deus tem do amor homossexual;
- Embora as autoridades da minha Igreja tenham expressado suas opiniões fortemente negativas quanto à homossexuali-

dade, nenhum dos nossos profetas dos últimos dias proclama uma revelação de Deus contra esse ato;
* Nenhuma das palavras que atribuímos a Deus fala da homossexualidade;
* Nenhuma das Escrituras dos últimos dias faz referência à homossexualidade.

Presbiteriano, doutor Edwards: as Escrituras são muito importantes porque ensinam o amor de Deus a todos. As Escrituras são velhas, têm milhares de anos, foram escritas inclusive antes que a palavra homossexual existisse. Parece que nelas também não se esclarece o que hoje entendemos como "orientação sexual". Os atos sexuais baseados na luxúria, sem respeito ou sem amor para com as pessoas são maus. Então, eu creio que as Escrituras aprovam a homossexualidade e os atos que implicam generosidade, amor e respeito, não importando se são homossexuais ou heterossexuais.

Presbiteriano, doutor Holfelder: uma cuidadosa e sensível leitura das Escrituras não leva à conclusão de que a homossexualidade é um pecado. Há passagens, especialmente na literatura sagrada, que sugerem essa conclusão. No entanto, a mensagem total das Escrituras sobre esse assunto é muito mais positiva do que negativa. Biblicamente, o tema é a bondade da sexualidade humana e o uso desse presente nos acordos da relação. Para mim é muito mais importante questionar as relações de Deus em Cristo com o ser humano e, nessas relações, não vejo barreiras, nem mesmo sexuais.

Universalista unitário, doutor Schultz: o Antigo Testamento condena o que se refere à "sodomia", também condena outras práticas, como dormir com a mulher quando está menstruada, o que há muito tempo foi aceito como decoroso. A maior parte do Antigo Testamento, certamente, não é a fonte apropriada para servir como guia da ética contemporânea. Se recorrermos ao Novo Testamento, descobriremos que Jesus não disse nada acerca da homossexualidade, apesar de ter condenado outros comportamentos.

Na sua opinião, Deus aprova que um casal homossexual de homens ou mulheres reconheça seu amor perante ele numa cerimônia religiosa e crie filhos?

Batista, doutor Stayton: absolutamente; a Deus interessa que pais, homossexuais ou heterossexuais, sejam bons e amorosos. Criemos nossos filhos até torná-los independentes de nós, cheios de afeto, com valores firmados na aceitação, entendimento e amor por todas as coisas boas.

Católica apostólica romana, irmã Ford: uma pergunta importante que todos devemos fazer é: qual é o caminho mais saudável para mim, para eu crescer como indivíduo? Sanidade e santidade são dois significados da mesma palavra. Para a maioria, viver uma relação amorosa com outra pessoa é o desafio maior, mas também o caminho gratificante e enriquecedor em direção à conquista do desenvolvimento humano. Certamente, este estilo de vida é muito superior aos outros, tais como uma vida de prostituição ou promiscuidade, ou a decisão de cometer o suicídio, nascida da falta de autoestima e esperança. Em comparação, estas outras "opções" poderiam ser melhor definidas como "não opcionais".

Deus espera que vivamos da melhor maneira possível. As estatísticas demonstram que a orientação sexual das crianças não é afetada por aqueles que fazem o papel de pais, e sua saúde mental não se compromete pelo fato de viver com pais homossexuais, sempre e quando estes lhe dêem amor e se esforcem nesse papel. Estes jovens têm a oportunidade de crescer com altos valores morais e estabilidade pessoal. Embora seja possível que o casal tenha problemas para encontrar uma Igreja reconhecida que abençoe oficialmente sua união, existem grupos e ministros individualmente dispostos a realizar estas "uniões sagradas".

Católica apostólica romana, irmã Gramick: acho que Deus aprova e deseja que haja sentimentos e atitudes amorosas em todas as pessoas. Que estes sentimentos e expressões sejam entre pessoas do mesmo sexo ou de sexo diferente é irrelevante.

É bonito que duas pessoas tenham o compromisso de amar-se e ajudar-se mutuamente tanto nos tempos difíceis, como nos bons, prometer que caminharão juntas ao longo da viagem da vida. Negar uma cerimônia religiosa a duas pessoas que se amam, apenas por serem do mesmo gênero, parece-me injusto. Posto que Deus é um Deus de justiça, logicamente poderíamos afirmar que Ele aprova as relações entre um mesmo gênero, desde que prometam amor. O amor entre dois indivíduos deveria encorajá-los a compartilhar esse amor com outros. Ter filhos biológicos ou adotivos é um meio para os casais heterossexuais ou homossexuais compartilharem esse amor.

Católico apostólico romano, reverendo Nugent: a doutrina católica prega que a união sexual-genital tem seu verdadeiro significado dentro do contexto do casamento heterossexual baseado na procriação. É a regra do que a sexualidade deve ser. É a forma ideal de uma completa expressão genital, a qual é aprovada por Deus. De onde tiramos essa regra, que deve ser a única forma? E como se aplica aos casais homossexuais? São perguntas cruciais para alguns grupos eclesiásticos e teológicos.

Uma regra pode ser aplicada, mas também pode ser modificada em casos especiais. O comportamento contra a norma pode ser aceitável para algumas pessoas em casos únicos, individuais e excepcionais, como o dos gays e lésbicas, que não se adaptam às normas heterossexuais. Estas pessoas devem ser motivadas a aceitar sua própria realidade sexual e se esforçar por uma forma mais humana, amorosa e religiosa de viver suas vidas, conservando os valores fundamentais da estabilidade, da vida em família, do amor sacrificado e as relações de fidelidade e de entrega absoluta.

Uma cerimônia religiosa estabeleceria claramente que o casal levou a sério sua relação com Deus e também atestaria o impacto social de suas relações com a comunidade da fé.

Cuidar de crianças nascidas ou adotadas de heterossexuais ou pessoas do mesmo gênero, não só é "aprovado" por Deus, senão que aumenta as próprias crenças e compromissos com Deus. O assunto da procriação nas relações do mesmo gênero por meio da tecnologia (inseminação artificial, bebês de proveta, um terceiro doador e mães de aluguel) gera complexas polêmicas éticas e legais sobre a dignidade pessoal, a natureza humana e os direitos e limitações em relação à vida humana e a tecnologia.

Episcopal, bispo Spong: na minha Igreja eu outorgo a benção a casais gays e lésbicos, pois isto é inevitável, correto e positivo. Devemos estar dispostos a renunciar aos nossos preconceitos e dirigir a atenção a amar nossos irmãos, a ajudá-los a conviver uns com os outros, como uma parte da criação de Deus. Invariavelmente isto inclui a aceitação, reafirmação e benção das relações gays e lésbicas que, como todas as relações abençoadas, produzem frutos para o espírito, amor, júbilo, paz, paciência e sacrifício pessoal. E fazem isto com a confiança de que, apesar de não estar de acordo os textos bíblicos, está com o espírito da dupla vida que rompe com a escravidão do literal.

Este é um passo que a Igreja deve dar pela "própria causa da Igreja", para ser limpa do nosso pecado de cumplicidade em sua opressão.

Devemos afirmar a palavra de Deus que diz que "não é bom para nenhum homem ou mulher viver sozinho". Esta é a palavra de Deus que nos mostra que devemos agir agora. "Em Cristo", diz Paulo. Todos viverão, inclusive casais de gays e lésbicas, que são, em Cristo, parte de sua carne. Agora é a hora de romper as amarras dos preconceitos que nos privam do presente da vida prometida a todos por Cristo.

Episcopal, bispo Wood: sim, a imagem que Deus nos mostra sobre as relações é muito clara: dar a si mesmo, cuidar de si e estar cheios de fé.

Igreja Unida de Cristo, doutora Lebacqz: claro que sim. Tenho a firme convicção que os casais de gays e lésbicas têm direito a casar pela Igreja, da mesma forma que os casais heterossexuais. Uma das melhores uniões que conheço é a de um casal gay que está junto de forma monogâmica há dez anos e tem a intenção de permanecer assim por toda a vida. Outro que conheço é o de duas lésbicas com duas filhas, que têm a sorte de crescer num lar com muito amor.

Igreja Unida de Cristo, doutor Nelson: sim, acho que Deus aprova totalmente o amor e a entrega de um casal do mesmo sexo e a paternidade ou maternidade dos filhos que possam vir a ter. Eu tenho enorme simpatia por aquelas igrejas e sinagogas que agora celebram essas uniões e oro pelo dia em que muitas outras façam o mesmo.

Judia reformista, rabina Marder: o Deus em que acredito aprova as relações amorosas monogâmicas, com comprometimento, não importando o gênero ou a preferência dos envolvidos.

Judeu reformista, rabino doutor Teutsch: sim, o caminho religioso ideal propõe que nós devemos nos comprometer por um longo tempo para estabelecer uma família.

Judeu reformista, rabino Lazar: considero que sim, Deus aprova isto. Eu acho que existem coisas mais significativas a considerar. Acho que existem pessoas que querem impor suas próprias idéias religiosas fundamentais. Para mim, isso é que é imoral.

Judeu tradicional independente, rabino Wilson: O Eterno está perto de todos os que recorrem a Ele, sinceramente (Salmo 145). Eu sou ambivalente sobre meu próprio envolvimento em tal cerimônia. Certamente, não me oponho a que criem filhos, no amor, na honra, no cuidado e sensibilidade que se requer para isso.

Luterano, bispo Olson: a Igreja tem muitas liturgias de bênçãos quando as pessoas encomendam seus lares e posses a Deus. Os líderes religiosos são chamados para invocar as bênçãos de Deus em granjas, lares, cemitérios e para bichos de estimação. São feitas orações para jogos de futebol, convenções e reuniões públicas de todos os tipos. O que há de estranho em abençoar uma união de fidelidade, de compromisso amoroso, que os gays e lésbicas realizam? Se o lar e a família que eles querem formar cria um lugar de amor, sacrifício, fidelidade e respeito mútuo, este será o lugar adequado para educar crianças. Seria desejável que todas as crianças tivessem um lugar seguro e amoroso em que pudessem crescer. Com a crise que existe, seria um erro privá-los desses lares, apenas porque não cumprem com o estereótipo do lar cristão. Lar é o lugar onde se encontra o amor, o respeito e o compromisso com a vida plena e o desenvolvimento para todos aqueles que aceitam o desafio.

Metodistas unidos, doutor Cobb: acho que esta opção, de todas as disponíveis para gays e lésbicas, seria a que mais agradaria a Deus. É claro que a paternidade não é necessária para uma relação saudável.

Metodistas unidos, bispo Wheatley: minha resposta afirmativa vai além de ser uma opinião intelectual. É uma convicção baseada em experiências e relações reais. Minha esposa e eu conhecemos casais de gays e lésbicas que afirmaram seu amor numa cerimônia religiosa, alguns dos quais estão com filhos, naturais ou adotados, cuja dimensão do compromisso com a relação e a família são abençoados por Deus em toda a dimensão e lealdade, como podem ser as famílias formadas por heterossexuais.

Isto nos convence que Deus não só aprova, como também nutre os casais do mesmo sexo na entrega mútua e na capacidade de dar amor.

Mórmon, doutor McGrath: Deus aprova todas as relações que ocorrem na vida. As relações sustentam e nutrem a vida plena quando se comprometem com a entrega mútua, o amor e a justiça.

Minha experiência com casais gays e lésbicos, que vivenciam um amor pleno, faz-me pensar que não são menos capazes que os casais heterossexuais na criação de relações em que as crianças possam ser criadas e amadas. A orientação sexual erótica não está vinculada à capacidade de satisfazer as necessidades das crianças. Eu acho que as pessoas que pertencem a minha tradição religiosa têm um fundamento histórico religioso que aceita e inclui todas as pessoas que queiram crescer na sua capacidade de amor e justiça em suas relações.

Presbiteriano, doutor Edwards: as relações amorosas requerem maturidade. É uma falta de respeito para com Deus se, em uma celebração de amor, os envolvidos não são suficientemente maduros para manter a unidade baseada no respeito mútuo. Os filhos tampouco devem estar sujeitos a um lar onde o amor não é seguro. Quando não há egoísmo, o verdadeiro amor está presente. Desta forma, Deus aprova uma cerimônia religiosa.

É importante aconselhar-se com sacerdotes, ministros e rabinos qualificados antes de realizar uma cerimônia ou adoção. As políticas adotadas pelos clérigos que trabalham desta maneira serão importantes e, em muitas situações, uma cerimônia privada pode ser a melhor alternativa, ainda que haja um verdadeiro compromisso no meio.

Presbiteriano, reverendo Holfelder: em uniões abençoadas, como no casamento, eu acho que o ponto principal é fazer um acordo. Aqueles que o fazem criam a atmosfera adequada para compartilhar sua sexualidade, para assim terem filhos. Eu acho que o papel da Igreja e da comunidade religiosa é aprovar aqueles que vivem em relações de acordo.

Universalista unitário, doutor Schultz: a visão que tenho de Deus não é de uma pessoa ou de uma coisa, porém, o termo pode ser proveitoso para nos referirmos à Graça plena da Criação, que é apresentada a nós em toda sua glória.

Parte desta Graça é o amor entre o mesmo sexo, e não se trata de que Deus aprove ou desaprove um certo desenvolvimento, ou práticas deste tipo de amor. A meu ver, casais do mesmo sexo podem ter crianças, sempre e quando estejam muito conscientes dos valores que recolhemos da apreensão da Graça.

Anexo 3
Existe a homossexualidade na Bíblia?
por Eduardo González

O propósito destes simples comentários não é buscar uma justificativa na Bíblia para apoiar qualquer tipo de atividade sexual. Sinceramente, não preciso disso, já que sinto o amor de Deus, Jeová e Jesus Cristo como expressão de amor, de forma plena e também através da minha sexualidade. Cabe mencionar que incluo citações bíblicas, comentários de vários autores, reflexões pessoais, enfim, tudo o que empreguei pessoalmente para ajudar outras pessoas que se sentem angustiadas pelo aparente dilema de escolher entre sua homossexualidade e sua relação com Deus e sua Igreja.

O uso da Bíblia como provedora do alimento espiritual foi eclipsado várias vezes devido a más interpretações. Mostra disso é a maneira como foi usada para justificar a escravidão ou impor monarquias abusivas nos séculos passados. No entanto, pouco a pouco foi encontrada a verdadeira interpretação destes temas, até se chegar ao ponto de eliminar por completo todas as falsas interpretações. Porém, infelizmente, não acontece o mesmo com a homossexualidade, que ainda é condenada em muitas Igrejas do mundo.

O uso de dados bíblicos tem duas limitações, como aponta o Padre Charles Curran. Por um lado, as Escrituras estão histórica e culturalmente limitadas. Por outro, não seria aceitável uma tese baseada apenas em textos isolados fora de contexto.

Podemos aceitar, sem mais nem menos, o que nas traduções da Bíblia é denominado homossexualidade, dando por certo que o pensamento dos autores bíblicos implicava o que entendemos hoje por tal? Seria conveniente recordar aqui o que diz a Constituição Dogmática sobre a revelação divina do Concilio Vaticano.

A respeito da interpretação das Sagradas Escrituras, dado que nelas Deus fala através dos homens e de uma forma humana, o intérprete destas deveria – para ver com clareza o que Deus queria comunicar – investigar, com o máximo cuidado, o que os autores sagrados queriam dizer na realidade e o que Deus desejava manifestar por meio de suas palavras.

Poderíamos nos perguntar de maneira simples: como é possível que a palavra "homossexual", que surgiu no século passado, seja usada em textos de dois mil anos de antigüidade? De fato, sodomita foi a palavra que encontramos nas primeiras traduções modernas, mas não nos textos originais...

Textos do Antigo Testamento

Ao anoitecer vieram dois anjos a Sodoma, a cuja entrada estava Lot assentado. Este, quando os viu, levantou-se e, indo ao seu encontro, prostrou-se, rosto em terra e disse-lhes: "Meus senhores, vinde para a casa de vosso servo, pernoitai e lavai os vossos pés nela. Levantar-vos-eis de madrugada e seguireis vosso caminho." Porém, eles disseram: "Não, passaremos a noite na praça." No entanto, Lot insistiu muito e, por fim, eles aceitaram ir à casa dele, deu-lhes um bom jantar, fez assar uns pães e eles comeram. Mas, antes que se deitassem, os homens daquela cidade cercaram a casa, os homens de Sodoma, assim os moços como os velhos, sim, todo povo de todos os lados. E chamaram por Lot e disseram: "Onde estão os homens que à noite entraram em tua casa? Traze-los para fora. Queremos deitar com eles." Saiu então Lot à porta, fechou-a e lhes disse: "Rogo-vos, meus amigos, que não façais algo tão perverso. Tenho duas filhas virgens, e vo-las trarei para que façam com elas o que quiserem, porém nada façais a estes homens, porque são meus convidados." Eles disseram: "Retira-te daí. Só faltava que um estrangeiro como tu quisesse mandar em nós. A ti, pois, faremos pior do que a eles." E arremessaram-se contra Lot e se chegaram para arrombar a porta. Porém, os visitantes, estendendo a mão, fizeram entrar Lot, fecharam a porta e deixaram cegos os que estavam fora, desde o menor até o maior, de modo que se cansaram à procura da porta. Então, disseram os homens a Lot: "Tens aqui alguém mais dos teus? Genros e teus filhos e tuas filhas, todos quantos tens na cidade, faze-os sair, pois vamos destruir este lugar, porque o seu clamor tem aumentado, chegando até a presença do Senhor. E o Senhor nos enviou para destruí-lo." Então saiu Lot e falou a seus genros, aos que estavam para casar com suas filhas, e disse: "Levantai-vos, saíde deste lugar, porque o Senhor há de destruir a cidade." Acharam porém que ele gracejava. Como estava amanhecendo, os anjos disseram a Lot: "Levanta-te, toma tua mulher e tuas filhas que aqui se encontram, para que não pereças no castigo da cidade."

Esta é a passagem mais antiga que, geralmente, foi usada para justificar a perseguição, encarceramento e morte de milhares de homossexuais. Pois bem, vejamos:

Como é possível que todos, desde o mais jovem até o mais velho, tenham sido homossexuais se o número estimado nas cidades é de aproximadamente 10% de homossexuais mais ou menos discretos? Além disso, o versículo 14 diz que Lot tinha genros prometidos para suas filhas. Conseqüentemente, poderíamos ver aqui homossexuais como os de hoje em pequeno número, ou um fenômeno social de homossexualidade como meio de abuso, violência ou falta de hospitalidade? Esta pergunta pode ser respondida ao ver-se, por exemplo, que o próprio Lot ofereceu suas filhas como último recurso para acalmar a luxúria dos sodomitas, mas eles não aceitaram e disseram que iam fazer pior com ele do que com os outros. Certamente, não lhe fizeram nada sexual, porém, como indica o versículo 9, começaram a "maltratá-lo", isto é, cometeram violência e abuso. Os versículos 11 e 12 do Gênesis mostram que deixaram cegos a todos e que estes se cansaram de procurar a porta. Então, era a violência e não o impulso sexual que os fazia continuar procurando a porta depois de ficarem cegos.

Encontramos outro exemplo similar a este em Juízes 19:15-26

Depois de caminhar muito para não ficar em uma cidade pagã, mas numa cidade israelita, por fim, o levita, sua concubina e sua criada

chegaram a uma cidade israelita, onde supostamente encontrariam hospitalidade e isto aconteceu...
15 Retiraram-se para Gibeá, a fim de nela passarem a noite. Entrando nela, o levita assentou-se na praça da cidade, porque não houve quem os recolhesse em casa para ali pernoitarem.
Eis que, ao anoitecer, vinha do seu trabalho do campo um homem velho; era este da região montanhosa de Efraim e vivia ali como forasteiro, pois os que viviam em Gibeá eram das tribos de Benjamim. Quando o ancião viu o viajante na praça, perguntou:
– De onde vens e para onde vais?
E o levita respondeu:
– Estamos de passagem. Viemos de Belém de Judá, e vamos para a parte mais distante dos montes de Efraim, onde vivo. Estive em Belém, e agora regresso a casa, mas não encontrei aqui ninguém que me dê alojamento. Temos palha e pasto para nossos jumentos, e pão e vinho para nós. Não há falta de coisa nenhuma.
Porém o velho respondeu:
– A paz esteja contigo, tudo quanto vier a faltar que fique a meu cargo. Não vou permitir que passes a noite na praça.
O velho levou-os para casa e, enquanto os viajantes lavavam os pés, comiam e bebiam, ele deu de comer aos jumentos.
No momento em que estavam mais contentes, eis que uns homens pervertidos da cidade cercaram a casa, começaram a bater na porta e disseram ao velho dono da casa:
– Traze para fora o homem que tens em tua casa! Queremos dormir com ele!
Porém o dono da casa pediu:
– Não, meus amigos, por favor! Não cometam tal perversidade, já que este homem é meu hóspede. Aí está minha filha que ainda é virgem e a concubina dele. Vou trazê-las para fora, para que as humilhem e façam com elas o que quiserem. Porém, com este homem, não cometam tal perversidade.
25 Porém, eles não quiseram ouvir. Então, o levita pegou a concubina e a deixou na rua e eles a violaram e abusaram dela a noite toda até pela manhã. Então, a deixaram.
26 Ao romper a manhã, a mulher regressou à casa do ancião, onde estava seu marido, e caiu morta diante da porta.

É surpreendente a semelhança deste relato com o do Gênesis, só que aqui houve sim um crime sexual e ninguém emprega este relato para condenar a heterossexualidade. A violência e a falta de hospitalidade é que são condenadas. Este ponto de vista também é compartilhado pelo doutor Sherwin Bailey, que considera que o pecado dos sodomitas não tem, necessariamente, uma conotação sexual, mas que poderia ser interpretado como uma violação da hospitalidade. Para se fazer notar isto, a Bíblia, na passagem anterior (Gênesis, 18) dá um exemplo do que deveria ter sido feito em Sodoma: mostrar hospitalidade a estes mesmos anjos. Estes dois capítulos estão postos, não por coincidência, diante de nós, como contraste e exemplo do que se deve fazer e para ressaltar o pecado dessas cidades: a falta de hospitalidade.

Longe de falar de amor entre pessoas do mesmo sexo, fala de violência. A história nos conta que alguns exércitos abusavam sexualmente do exército derrotado em sinal de humilhação e subserviência. Na Bíblia, há cerca de cinqüenta referências à Sodoma e somente uma está relacionada com atos sexuais: Judas, 7, que diz:

Como Sodoma e Gomorra, as cidades circunvizinhas se entregaram à prostituição (grego: *ekporneúsasai*) e se deixaram levar por vícios contra a natureza (grego: *sarkós hetéras*). Por isso, sofreram o castigo do fogo eterno e serviram de exemplo a todos.

A tradução mais correta é a de algumas versões que usaram "carne diferente": *sarkós* é carne e *hetéras* é diferente. De fato, esta última dá origem à palavra *heterossexual*. A Bíblia de Jerusalém oferece uma boa explicação do termo "carne diferente":

Carne que não era humana, posto que seu pecado tinha sido o de querer abusar dos anjos.

O apócrifo *Testamento dos Doze Patriarcas*, semelhantemente a Judas, 6-7, menciona, ao mesmo tempo, o pecado dos anjos e o de Sodoma. Judas, ao que parece, faz alusão aos anjos mencionados em Gênesis, 6, que tomaram corpos humanos e fizeram sexo com mulheres, e daí nasceram gigantes violentos, chamados *nefilim*, que foi uma das razões pelas quais a Terra foi destruída pelo dilúvio. Ao que parece, cita o Livro de Henoc, como mostram os versículos 14 e 15, no qual está escrito com detalhes o castigo dos anjos, que criaram corpos humanos e fizeram sexo contra sua natureza espiritual, ou com carne diferente. Pelo simples fato de serem eles anjos, como em Sodoma, esse era um ato antinatural: uma criatura humana querer sexo com uma criatura celestial vai contra a natureza de ambos, em especial, como cita Judas, para os anjos, porque eles não se reproduzem, não lhes foi dado um corpo com o qual pudessem ter práticas sexuais.

No entanto, há muitos textos mais que apontam qual foi a verdadeira causa da destruição destas cidades. Um exemplo disso são os livros deuterocanônicos de Sabedoria, 19:13-14 e Eclesiastes, 16:8, que contam que a falta de hospitalidade e o orgulho foram as causas. Da mesma maneira os profetas, como Ezequiel, apontam também qual foi a causa. Ezequiel, 16:46-49 diz:

> 46 E tua irmã, a maior, é Samaria, que habita a tua esquerda com suas filhas; e a tua irmã, a menor, que habita a tua mão direita, é Sodoma e suas filhas.

> 47 Todavia não só andaste nos seus caminhos, nem só fizeste segundo suas abominações; mas como se isto fora pouco, ainda te corrompeste mais do que elas.

> 48 Tão certo quanto eu vivo, diz o Senhor Deus, não fez Sodoma tua irmã, nem e suas filhas, como tu fizeste e também tua filha.

> 49 Eis que esta foi a iniqüidade de Sodoma, tua irmã: ela e suas aldeias sentiam-se orgulhosas por terem mais abundância de alimentos e por gozarem de tranqüilidade, mas nunca ajudaram nem ao pobre, nem ao necessitado.

O versículo indica de maneira clara qual foi o pecado, e este não está relacionado ao sexo.

Porém, como cristãos, podemos nos perguntar o que disse Jesus a respeito desta cidade. Encontramos a resposta em Lucas, 10:12 e em Mateus, 10:14-15, que nos diz:

> 14 E, se ninguém vos receber, nem escutar as vossas palavras, saiam daquela casa ou cidade e sacudam o pó de seus pés.

15 Em verdade vos digo que, no dia do juízo, o castigo para essa cidade será pior que para a gente da região de Sodoma e Gomorra.

Mais uma vez, fala-se da falta de hospitalidade. Sim, como vimos, essa interpretação do verdadeiro pecado de Sodoma é correta, encontramo-nos diante de um dos paradoxos mais irônicos da história. Durante milhares de anos, o homossexual tem sido vítima da falta de hospitalidade. Condenado por igrejas, sofreu perseguição, tortura e, inclusive, a morte. Em nome de uma interpretação errônea do crime de Sodoma e Gomorra, repetiu-se e continua se repetindo diariamente o mesmo crime.

Porém, continuemos analisando textos do Antigo Testamento.

Não te deite com um homem como se deita com uma mulher. Isto é um ato infame (Levítico 18:22 e 20:13).

Se também um homem se deitar com outro homem, como se fosse mulher, condenará os dois à morte e serão responsáveis por sua própria morte, pois cometeram um ato infame (Levítico 18:22).

Para começar, estes textos não dizem que se comete um pecado. Falam de "um ato infame" em algumas versões ou, segundo outras, "uma abominação" ou um "ato impuro". Um pecado é muito diferente de um ato abominável. O Levítico era como um muro que distinguia Israel das cidades que a rodeavam, não somente pelas regras sanitárias, como por algo ainda mais importante, relacionado com as regras de pureza espiritual e adoração. Estas últimas são as que estão vinculadas aos atos homossexuais, já que estes eram conhecidos sob dois aspectos: como humilhação e como um ato de idolatria, conforme veremos com mais detalhes.

Nesses textos é usada a palavra *ToEVAH*, a qual está sempre associada à idolatria e não ao pecado, denominado pelo termo *ZIMAH*. E não só não é pecado, como também é injusto usar atualmente o mesmo texto que era aplicado a uma nação há milhares de anos. Se nós podemos fazer isto, então teremos também que aplicar os qualificativos de abominável ou impuro, segundo o mesmo livro do Levítico, aos seguintes atos:

- Comer qualquer carne de porco (11:2, 7; 31-33);
- Misturar dois tipos de tecidos (19:19);
- Raspar as costeletas (19:27);
- Fazer tatuagens (19:28);
- Comer camarão, lagostim, avestruz ou coelho (11:2-16; 31-33);
- Aparar as pontas da barba (19:27);
- Comer coisas com sangue (19:26);
- Ter um filho e, pior ainda, ter uma filha (12:2-6);
- Semear a terra com mistura de sementes (19:19);
- Poluição noturna (22:4);
- A menstruação feminina (15:19-23);
- Tocar em uma mulher menstruada (15:24).

E também muitas coisas que todos nós fazemos hoje. No caso de condenação à morte, esta também deveria ser aplicada a:

- Os filhos que amaldiçoem os pais (20:14);
- Os adúlteros (20:10);
- As relações sexuais durante o período menstrual (20:18);
- Os filhos bêbados (Deuteronômio, 21:18-21);
- Pessoas que tivessem relações com animais (20:16).

Para ressaltar que essas leis tinham o propósito de manter limpo espiritualmente o povo de Israel, consideramos como exemplo, as relações sexuais com animais, os quais eram mortos depois destas. Algo parecido acontecia com os recipientes de barro que fossem tocados por uma mulher menstruada, que teriam de ser quebrados. E, se um homem abusasse de um garoto, ambos eram castigados com a morte, não importando se a criança consentiu ou não. Poderíamos pensar que tanto o animal quanto os objetos não tinham nenhuma responsabilidade por ficar "imundos". No entanto, isso é compreendido ao descobrirmos que não é uma questão de "moral", mas sim, da pureza espiritual que esse povo especial de Deus deveria ter.

Então, considerando o anterior, quem não é "impuro" ou cometeu atos "infames" segundo o Levítico? Ninguém. Além do mais, como o mesmo texto indica, eram coisas que deveriam deixar de fazer, não porque todas fossem más, senão porque era o que as nações pagãs que os rodeavam faziam em seus rituais a outros deuses pagãos. Este foi o aviso:

Não fareis segundo as obras da terra do Egito, em que habitastes, nem fareis segundo as obras da terra de Canaã, para a qual eu vos levo, nem andareis nos seus estatutos. (Levítico, 18:3; 18:24-30; 20:23)

Além disso devemos considerar o momento histórico: todos os atos homossexuais conhecidos pertenciam à homossexualidade cultual do Egito e Canaã, o qual não se assemelhava à relação de dois adultos, que se amam e se respeitam e que desejam se unir, apoiar e crescer juntos. Consideremos também que, para o povo Israelita, ter filhos era uma grande benção. Deus prometeu a Abraão que sua descendência seria como os grãos de areia no mar e as estrelas nos céus. Da mesma forma, nesses tempos, Israel se converteu num povo guerreiro. Para poder conquistar a Terra Prometida, tinha que contar com guerreiros, procriar bastante e casais homossexuais limitariam demais a realização dessas medidas, sem falar que os judeus não podiam ver a homossexualidade como viram os gregos e romanos mais adiante.

Para destacar que conheciam a homossexualidade como uma prática idólatra, analisaremos o seguinte texto:

> Havia também na terra prostitutos cultuais, que faziam todas as coisas abomináveis que o Senhor expulsara de diante dos filhos de Israel (1 Reis, 14:24)

Em algumas versões este texto está traduzido como prostitutos, homens afeminados, sodomitas e homossexuais no lugar de prostitutos sagrados ou de templo (Deuteronômio, 23:17-18, 1 Reis, 15:12 e 22:46; 2 Reis 23:7). A palavra hebraica usada é *kadesh*, que se descobriu que descreve os prostitutos de templo, isto é, as pessoas que, sem importar a orientação sexual, tinham sexo com homens e mulheres com a finalidade de adorar seu Deus. Agora, nas novas versões, em vez de usar "prostitutos sagrados" usam a palavra "homossexual". Para justificar sua intolerância, manipulam e mudam estes textos que não se referem ao homossexual, nem a sexualidade, mas à idolatria.

Em Gálatas, 3:22-25, fala-se que já não estamos sob a lei (do Levítico), mas regidos por nossa fé em Jesus. E recordemos que Jesus veio para romper com tudo isso. Ele podia ser tocado por mulheres menstruadas; disse a Pedro que podia comer de todos esses animais imundos, pois já não havia imundície; curou os leprosos, que também eram imundos, e não se podiam tocar; curou os enfermos. Devemos lembrar que vivemos sob a bondade imerecida de Deus e não sob essas leis.

Não podemos aplicar um texto de mais de dois mil anos, pertencente a um povo que forçosamente tinha de ser diferente, a nossos tempos e sociedades atuais. O mais importante é e será o mandamento que nos deixou Jesus amar.

Certo, temos a vantagem dos milhares de anos transcorridos e um conhecimento muito maior de Deus e de sua relação com a humanidade, para não mais nos atermos a regras tão meticulosas dadas a um povo que as necessitava.

Bom, no Novo Testamento, encontramos os escritos de Paulo.

Paulo nasceu em Tarso (hoje Turquia) e seus pais, fiéis cumpridores da religião judaica, chamaram-no Saulo, como o antigo rei hebreu, e ao oitavo dia foi circuncidado, conforme estipulava a lei judaica. Foi educado com o maior rigor, de acordo com a interpretação farisaica da lei e, sendo um judeu jovem da Diáspora (dispersão dos judeus no mundo greco-romano), escolheu o nome latino de Paulo, pela similitude fonética com o seu.

Suas cartas refletem um conhecimento profundo da retórica grega, algo que, sem dúvida, aprendeu quando jovem em Tarso, mas seus modelos de pensamento refletem também uma educação formal na lei mosaica, quem sabe recebida em Jerusalém do famoso mestre Gamaliel, o Velho, durante a preparação para se converter em rabino. Destacado estudioso da lei e defensor tenaz da ortodoxia judaica (Gálatas, 1:14; Filipenses, 3:6), seu ciúme o levou a perseguir a incipiente Igreja Cristã por considerá-la uma seita hebraica que deveria ser destruída, por ser contrária à lei (Gálatas, 1:13).

Qualquer tentativa de resumir o pensamento de Paulo enfrentaria vários obstáculos, em particular o fato de que suas cartas eram dirigidas a uma comunidade determinada, abordando seus problemas específicos, com a finalidade de corrigir seus erros. Paulo, como bom judeu, com o conhecimento da lei, adotou o ponto de vista que vemos em todo o Antigo Testamento: separar o povo de Deus dos outros povos pagãos que os rodeavam, para não cair em práticas de idolatria. Vejamos, pois, estes textos:

> 24 Pelo que também Deus os abandonou aos desejos impuros que há neles e praticaram ações vergonhosas entre si.
>
> 25 Pois mudaram a verdade de Deus em mentira, e honraram e serviram mais à criatura do que ao Criador, que é bendito eternamente. Amém.
>
> Pelo que Deus os abandonou às paixões vergonhosas. Até suas mulheres mudaram o uso natural, no contrário à natureza.
>
> E, semelhantemente, também os varões, deixando o uso natural da mulher, se inflamaram em sua sensualidade uns para com os outros, cometendo torpeza e recebendo em si mesmos o castigo merecido por sua perversão (Romanos, 1:24-27).

Por ser cidadão romano, Paulo conhecia as práticas destes e, evidentemente, devido à sua origem judaica, devia parecer-lhe chocante a homossexualidade aberta que presenciou na Grécia. Seu argumento principal e constante foi que o predomínio das práticas de homossexualidade era indício do afastamento de Deus. Sustenta que este, tal qual sua consciência o entende, é o resultado da idolatria. A pessoa não é idólatra porque é homossexual. No entanto, participa de atividades homossexuais porque é idólatra. Deus castigava o idólatra entregando-o a seu egoísmo e suas paixões. Parece que Paulo trata das atividades de homossexualidade unicamente no contexto da idolatria. O código de santidade (Levítico) estabelece com clareza a conexão entre idolatria e atividade homossexual.

NOTAS

Capítulo 1
1 "Our daughters and sons: questions and answers for parents of gay, lesbian and bisexual people", folheto de PFLAG.

Capítulo 2
1 PFLAG, sigla em inglês da associação *Parents and Friends of Lesbians and Gays* (Pais e Amigos de Lésbicas e Homossexuais).
2 "Born or bred?", Gelman, Footte, Barrett, Talbot, *Newsweek*, 24/02/1992.
3 Carta de Sigmund Freud a uma mãe americana, 9 de abril de 1935, em *A vida e trabalhos de Sigmund Freud:* última fase, v.3: 1919-1939, por Ernest Jones, MD. Publicada no boletim mensal da seção Lousville Metro de PFLAG.

Capítulo 3
1 Adaptada da tabela de Kinsey-Lizárraga, em *Sexoterapia integral*, de J. L. Alvarez-Gayou, Editora El Manual Moderno, 1986.
2 McNaught, Brian, "Growing up gay", vídeo produzido por Bárbara Jabally.

Capítulo 6
1 John J. Mitchell, em entrevista com Charles Ortleb na revista *Christopher Street*, outubro de 1976, folheto de PFLAG "Can we understand?", p.7.
2 Bispo Melvin E. Wheatley Jr., metodista aposentado, em entrevista de novembro de 1981, folheto de PFLAG "Can we understand?", p.8.

3 Rabino Charles D. Lippman, entrevista de novembro de 1985, folheto de PFLAG "Can we understand?", pp.8-9.
4 Do documento de PFLAG "Is homosexuality a sin?".
5 Manuscrito *Nuevos enfoques sobre la homossexualidad*, de Ricardo Zimbrón.
6 Welch, Carolyn, *Beyond acceptance*, Nova Iorque, St.Martin Press, 1990.

Capítulo 7
1 Questionário inspirado no "Heterosexual questionnaire", de Martin Rochlin, Ph.D., documento de PFLAG.
2 Don Clark, *Loving someone gay*, Berkeley, Celestial Arts, 1991.
3 Fragmento de "Father, be a lion!", de James N. Pines, documento de PFLAG.
4 Don Clark, *Loving someone gay*, Berkeley, Celestial Arts, 1991.

GLOSSÁRIO

Afeminado – Homem que apresenta aparência feminina.

Desmunhecado – Homem que utiliza os maneirismos que, na cultura em que vive, são característicos das mulheres.

Assumir-se – Reconhecer-se e aceitar-se como se é.

Bissexual – Qualquer pessoa que tem a possibilidade de se relacionar erótica e afetivamente com pessoas de ambos os sexos.

Dike – Lésbica, em linguagem coloquial nos Estados Unidos.

Discriminação – Ato de repúdio e separação de uma pessoa, por alguma característica que lhe é inerente.

Estereótipo – Generalização de como deve ser algo.

Estigmatizar – Marcar, rotular.

Fecundação *in-vitro* – Processo no qual o óvulo é fecundado pelo espermatozóide em um laboratório, para logo ser implantado na matriz (útero).

Ficar fora de órbita – Afetar o estado emocional de uma pessoa. Sentir confusão, medo, surpresa. Desequilibrar-se.

Gay – Denominação popular de homossexuais, homens e mulheres.

Gênero – Classificação social de "o masculino" e "o feminino", que varia segundo a sociedade, a época e a cultura.

Heterofobia – Ódio, medo e aversão à heterossexualidade e ao que ela representa.

Heterossexual – Pessoa que sente atração afetiva e erótica por pessoas do sexo oposto.

Homofobia – Ódio, medo e aversão à homossexualidade ou a homossexuais, na maioria das vezes devido a preconceitos, medos e mitos que imperam na sociedade.

Homossexual – Pessoa que sente atração afetiva e erótica por pessoas do mesmo sexo.

Identidade – Convicção íntima que as pessoas têm daquilo que são.

Introjeção – Idéia que provém do exterior e que assimilamos como própria.

Lésbica – Nome dado às mulheres homossexuais; usa-se para diferenciar uma pessoa homossexual feminina de uma masculina.

Mulher-macho – Mulher com aparência e/ou atitudes masculinas.

Maricona, bicha louca – Nome popular dado a homossexuais masculinos, cujo aspecto e maneirismos são considerados como femininos em nossa cultura (não confundir com travesti). Usado de forma pejorativa.

Mito – Crença fundamentada no desconhecimento.

Orientação ou preferência sexual – Neste livro, refere-se a ser heterossexual, bissexual ou homossexual.

PFLAG – Sigla, em inglês, da organização *Parents and Friends of Lesbians and Gays* (Pais e Amigos de Lésbicas e Homossexuais).

Promiscuidade – Conduta sexual que se caracteriza por ter relações sexuais com um grande número de pessoas.

Sair do armário – Contar a alguém que se é homossexual.

Sexo – Conjunto de características físicas que nos determinam como homens ou mulheres, entre outras coisas, cromossomos, genes, gônadas, hormônios e órgãos genitais.

Sexologia – Ciência que estuda a sexualidade.

Sexualidade – Conjunto de condições físico-biológicas, psicológicas, emocionais, sociais e espirituais relacionadas com a vida social de uma pessoa.

Transgênero – Que vai de seu próprio gênero para outro.

Transexual – Pessoa que sente que pertence ao sexo oposto. É o caso de quem nasceu com o corpo de homem e sua vivência interior é de mulher, ou vice-versa. Alguns chegam a se operar buscando a congruência entre a aparência física e seus sentimentos.

Travesti – Pessoa que sente satisfação ou prazer em vestir-se, usar acessórios, atitudes ou maneirismos que, na cultura em que vive, são reconhecidos como do sexo oposto. Há travestis heterossexuais e se vestem como mulheres por diversão.

Travestismo – Termo introduzido pelo doutor Magnus Hirschfeld, que deriva de *trans*: através e de *veti*: vestido. Apenas quinze por cento dos homossexuais, homens e mulheres, o praticam. Alguns o experimentam como um jogo de disfarces, porém, não significa que queiram mudar de sexo.

BIBLIOGRAFIA

_____. "About our children", documento de PFLAG, 1995
Álvares Gayou, Juan Luis, *Sexoterapia integral*, México, Editora El Manual Moderno, 1986.
_____. *Homosexualidad derrumbe de mitos y falacias*, México, Editora Ducere, 1997.
Ardila, Ruben. *Homosexualidad y psicología*, México, Editora El Manual Moderno, 1998.
Arnup, Catherine. *Lesbian parenting*, Canadá, Gynergy BooKs, 1995.
Bahon, Félix. "Gays y lesbianas por la ley del deseo", *Muy interessante sexualidad*, México, 1997, pp.40-45.
Belot, Adlphe. *Las posturas del amor*, Espanha, Editora Robin Book, 1991.
Berstein, Robert A. "My daughter is a lesbian", *The New York Times*, 24 de 1998.
Boswell, David. *Cristianismo, tolerancia y homosexualidad*, Barcelona, Editora Muchnik, 1995.
Braun, Sabine e Christine. *Amor entre mulheres*, México, Adaf. 1993.
Calderón, Sara Levi. *Dos mujeres*, México, Diana, 1990.
Calva, José Rafael. *Utopia gay*, México, Oásis, 1984.
_____. "Can we understand? A guide for parents", documento de PFLAG.
Carballo, Isaías. *Gay, um amor sin barreras*, México, Selector, 1994
Carrol, W., A. Cunningham, A. Kosnik, R. Modras e J. Schulte. *La sexualidad humana, nuevas perspectivas del pensamiento católico*, Madri, Ediciones Cristiandad.
Carta aos bispos da Igreja católica sobre a atenção pastoral às pessoas ho-

mossexuais, sede da Congregação para a Doutrina da fé, 1º de outubro de 1986.

Clark, Don. *Loving someone gay*, Berkeley, CA, Celestial Arts, 1991.

_____. "Coming out to your parents. A guide for you and your parents", documento de PFLAG, 1995.

Comitê de Aspectos Jurídicos do Conasida. "El vírus de inmunodeficiencia humana (vih) y el síndrome de la inmunodeficiencia adquirida (sida) en el lugar de trabajo".

Corrales, Juan Manuel. *Um obscuro camino hacia el amor*, México, Fontamara, 1991.

Dayan, Yael. "A right to choose the way you want to live", The Jerusalem Post, 6 de março de 1994.

De la Maza, Francisco. *La erótica homossexual*, México, Oasis, 1985.

DiMarco Peter. "Someone you know", documento de PFLAG, 1994.

Dornie, Doris. *Hombres, hombres...*, México, Seix Barral, 1990.

"El lesbianismo", extraído de Marcela Lagarde, "Cautiverio de la mujer, madresposa, monjas, putas, presas, locas", México, D. F., UNAM, 1990, *Fuera del clóset* nº 13, p.7, junho de 1997.

Enríquez, Ramón. *El homossexual ante la sociedad*, México, Océano, 1998.

Fairchild, Betty e Nancy Hayward. *Now that you know*, Nova Iorque, Firebrand Books, 1993.

Fleming, Lee. *To Sappho, my sister*, Canadá, Gynergy Books, 1999.

García, Alberto. *Historia y presente de la homossexualidad*, Barcelona, Editorial XXI, 1999.

Gordon, Macy. "Gay jews who are proud of sin", *The Jerusalem Post*, 6 de março de 1994.

Graham, Marie. "Existe el gen gay?", SO*s, n° 4, 1998, p.23.

Haratsuka, Jon. "Extranjeros en el mundo heterossexual: jóvenes homossexuales", *NASH News*.

_____. "Is homosexuality a sin?", 1992, documento de PFLAG.

Kiel, Fritz. *The Bisexual Option*, Nova Iorque, Harrington Park Press, 1993.

Krane, Sherman M., "What's a father to do?", documento de PFLAG.

_____. "La Primera Dama reconoce a PFLAG", 10 de maio de 1990, documento de PFLAG.

Marshall, Alan. "The Bible doesn't say what we thought it did", documento de PFLAG.

_____. "A propagação da aids e seu assombroso custo econômico afetaram nossa sociedade tão drasticamente que devemos considerar o reconhecimento do casamento homossexual", *Los Angeles Times*, 3 de dezembro de 1990.

Maurer, Harry. *Sex and oral history*, Nova Iorque, Penguin Books, 1994.
Martínez, Ernesto. *Guía legal del homossexual urbano*, México Editorial Edamex, 1997.
McCary, James e Stephen McCary. *Sexualidad humana*, México, Editorial El Manual Moderno, 1983.
McNeill, John J. *La iglesia ante la homossexualidad*, México, Grijalbo, 1979.
Mehl Miller, Kay. "Talking it over, children, parents and being gay", *Island Lifestyle Magazine*, Havaí, setembro de 1990. Reproduzido e distribuído por PFLAG.
_____. "Meu filho me salvou", documento de PFLAG.
Millot, Catherine. *Ensaio sobre el transexualismo*, Argentina, Editorial Catálagos, 1984.
Mojica, Rev. José L. "El homosexual y la Biblia", manuscrito inédito.
Mondimore, Francis. *Una história natural de la homosexualidad*, Barcelona, Editorial Paidós, 1998.
Moreno, Luz, Antonio Estrada e Antonio Rivera. *Sagrada Escritura y tradición frente la homosssexualidad*, 5º semestre de teologia, documento inédito,1988.
Nuñez, Guillermo. *Sexo entre varones, poder y resistencia*, México, Editorial Miguel Ángel Porrúa, 1999.
_____. "Ours daughters and sons: questions and answers for parents of gay, lesbian and bisexual people", documento de PFLAG, 1995.
_____. "Personality of the Month, Carole Benowitz: out and proud", documento de PFLAG.
"Por que Deus fez isto comigo?", conferência de Harriet Dark na Igreja Metodista Unida de Orchard, Farmington, Michigan, outubro de 1990, documento de PFLAG.
Powers, Bob e Allan Ellis. *Acéptate, acéptalo*, Barcelona, Paidós, 1999.
Preston, John. *A member of the family*, Nova Iorque, Plume, 1992.
Radcliff, Hall. *El pozo de la soledad*, México, Editorial Época, 1991.
Reid, John. *The best little boy in the world*, Nova Iorque, Ballantine Book, 1991.
Rochlin, Martin. "Heterosexual questionnaire", documento de PFLAG.
Roffiel, Rosamaría. *Amora*, México, Editorial Planeta, 1990.
Sánchez, David. *Memórias del Primer Foro de la Diversidad Sexual*, México, Editorial Nueva Generación, 1999.
Schifter, Jacobo. *La formación de una contra cultura*, San José, Costa Rica, Editorial Guayacán, 1989.
_____. "Some do's and don'ts for parents of gays", documento de PFLAG.

Suticliffe, Lynn. *There must be fifty ways to tell your mother*, Nova Iorque, Cassel, 1995.

The Newsletter of Lambda Legal Defense and Education Fund, "The Lambda update", vol. 13, n. 2, 1996.

Tracey, Liz e Sidney Pokorny. *So you want to be a lesbian?*, Nova Iorque, St. Martin's Press, 1995.

Van Gelder, Lindsy e Pamela Robin. *The girls next door*, Nova Iorque, Simon & Schuster, 1996.

Velasco, Víctor. "Homofobia en la psicoterapia", Figura Fondo, vol. 1, n$^{\circ}$ 2, 1997, pp. 53-54.

Vida, Marciano, José Maria Fernández, Javier Gafo, Pablo Lasso, Gregório Ruiz e Gonzalo Higuera. *Homossexualidad, ciência y conciencia*, Madri, Editorial Sal Terrae.

Welch, Carolyn, Marian Wirth e Arthur Wirth. *Beyond acceptance*, Nova Iorque St. Martin's Press, 1990.

_____. "What is the heterosexual privilege?", documento de PFLAG.

Zimbrón, Ricardo M. Sp. S. "Nuevos enfoques sobre la homosexualidad", Mérida, Yucatán, edição privada, 1989.

Vídeos

Daliege, Debbie. "Coming out is a many splendor thing", 1992.

McNaught, Brian. "Growing up gay", produção Barbara Jabally, 1993.

_____. "Homophobia in a work place", 1993.

Van Den Berg, Mariou. "Love and the laws", produção Grupo Shalhomo, Amsterdã, 1995.

SOBRE A AUTORA

A sexóloga e terapeuta Rinna Riesenfeld pertence a uma geração de jovens de mente aberta e adaptada às novas tendências libertárias. A autora, juntamente com dois outros profissionais, fundou *El Armário Abierto*, uma livraria especializada em sexualidade na Cidade do México. Este guia é o resultado do seu trabalho no campo da terapia sexual, sendo que sua experiência como livreira também a ajudou a escrevê-lo.

impresso na
**press grafic
editora e gráfica ltda.**

Rua Barra do Tibagi, 444
Bom Retiro – CEP 01128-000
Tels.: (011) 221-8317 – (011) 221-0140
Fax: (011) 223-9767

FORMULÁRIO PARA CADASTRO

Para receber nosso catálogo de lançamentos em envelopes lacrados, opacos e discretos, preencha a ficha abaixo e envie para a caixa postal 12952, cep 04010-970, São Paulo-SP, ou passe-a pelo telefax (011) 5539-2801.

Nome: _____
Endereço: _____
Cidade: _____ Estado: _____
CEP: _____ - _____ Bairro: _____
Tels.: (___) _____ Fax: (___) _____
E-mail: _____ Profissão: _____
Você se considera: ☐ gay ☐ lésbica ☐ bissexual ☐ travesti
☐ transexual ☐ simpatizante ☐ outro/a: _____

Você gostaria que publicássemos livros sobre:
☐ Auto-ajuda ☐ Política/direitos humanos ☐ Viagens
☐ Biografias/relatos ☐ Psicologia
☐ Literatura ☐ Saúde
☐ Literatura erótica ☐ Religião/esoterismo
Outros:

Você já leu algum livro das Edições GLS? Qual? Quer dar a sua opinião?

Você gostaria de nos dar alguma sugestão?